El Marketing Multinivel (MM).

Una solución para el desarrollo de la Base de la Pirámide (BdP).

Patricio A. Nina Jiménez

Leandro A. Viltard

Copyright © 2017 Business Systems Laboratory

All rights reserved.

ISBN-13: 978-1544778136
ISBN-10: 1544778139

B.S.LAB
BUSINESS SYSTEMS BOOK SERIES

The book series "Business Systems" publishes research and essays, coming from the scientific and consulting activity of the members of the nonprofit scientific organization Business Systems Laboratory (Italy) as well as from invited well-known scientists in the business systems field.

The book series aims to attract the cutting edge research at international level and to make it available for academics and practitioners.

The official languages of the Business Systems books series are: English, Spanish and Italian.

The main topics include, but not are limited to, the following areas of knowledge: *Systems Theory; Systemic Approach for Business; Complex Systems Theory; Managerial Cybernetics; Economic and Social Systems; Business Communication Systems; Innovation Systems; Action Research; Financial Systems; Service Science; Sustainability; Corporate Social Responsibility; Knowledge Management; Supply Chain Management; Strategic Management; Consumer Behavior; Marketing; Corporate Finance; Banking; e-Business; e-Learning; Business Process Management.*

The book proposals are evaluated by the Scientific Board on the basis of **double blind peer review.**

SCIENTIFIC BOARD

Scientific Directors:
Gandolfo Dominici – Univ. of Palermo (Italy)
Arturo Capasso – Univ. of Sannio (Italy)
Mauro Sciarelli - Univ. "Federico II" of Naples (Italy)

Board members:
- Dimitris Antoniadis – Univ. of West London (UK)
- Gianpaolo Basile – President B.S.Lab- Univ. di Salerno
- Arturo Capasso – Univ. of Sannio (Italy)
- Gerhard Chroust, - J. Kepler University Linz (Austria)
- Valeria Delgado - GESI (Argentina)
- Raul Espejo - World Organization of Systems and Cybernetics (UK)
- Marco Galvagno – Univ. di Catania (Italy)
- José Rodolfo Hernández-Carrión - Univ. of Valencia (Spain)
- Ignacio Martinez de Lejarza - Univ. of Valencia (Spain)
- Arabella Mocciaro Li Destri – Univ. of Palermo (Italy)
- Luca Pazzi – Univ. Modena and Reggio Emilia (Italy)
- Vincenzo Pisano – Univ. di Catania (Italy)
- Enzo Scannella – Univ. of Palermo (Italy)
- Giancarlo Scozzese - Univ. per Stranieri of Perugia (Italy)
- Maurice Yolles -C4K (UK)

CONTENIDO

Resumen	1
Capítulo 1. Introducción	7
Capítulo 2. Marco teórico	10
Capítulo 3. Marco investigativo	39
Capítulo 4. Conclusiones, Propuesta y Aportes para futuras investigaciones	62
Bibliografía	72
Anexos	77
About the authors	82

RESUMEN

El empleo no es la única forma de obtener un ingreso y de lograr inclusión social.

Este estudio devela que el Marketing Multinivel (MM) puede ser un vehículo apropiado a los fines de mejorar la calidad de vida de los individuos, sin importar el nivel de estudios que posean . A tal punto se ha extendido esta idea que ha logrado alcanzar a las personas que cuentan con ingresos mínimos, más conocidos como la Base de la Pirámide (BdP).

Como consecuencia, es analizada la viabilidad del MM en la BdP, concluyéndose que una mayor difusión e implementación de los sistemas en red podrían traer -a la sociedad- una mayor riqueza y un enorme alivio a la pobreza. A su vez, se insiste que debe haber un mayor compromiso por parte de las empresas multinacionales en el segmento de las personas más necesitadas.

ABSTRACT

Being employed is not the only way to earn an income and to achieve social inclusion.

This study reveals that Network Marketing (NM) may be an appropriate vehicle to improve the life quality of individuals, regardless of their level of education. This idea has extended so much that has reached people who earn a minimum income, known as the Bottom of the Pyramid (BOP).

Consequently, it is analyzed the viability of NM in the BOP, concluding that greater dissemination and implementation of networked systems could bring a greater wealth to society and a huge relief to poverty. Addtionally, it is said that there must be a greater commitment from multinational companies toward the neediest peoples' segment.

Palabras clave: Marketing–Multinivel–Venta–Red–Network- Directa - Base - Pirámide.

METODOLOGÍA Y DISEÑO

El estudio ha sido exploratorio descriptivo y la metodología cuali-cuantitativa, con predominio cualitativo. Se ha recurrido a un diseño no experimental y -dentro de este tipo de diseño- transversal ya que la información fue recolectada a un período dado de tiempo.

Con el fin de sustentar el Marco Teórico presentado y profundizar en la temática estudiada, se ha recurrido a fuentes secundarias juzgadas importantes, tanto académicas como artículos de actualidad de autores e instituciones reconocidas. De este modo, se han consultado autores como G. Hamel, S. L. Hart, C.W. King, R. Kiyosaki, R. Poe, M. Porter, C.K. Prahalad y J.W. Robinson, entre otros.

Asimismo, se ha desarrollado un Marco Investigativo basado en un estudio de campo.

En cuanto a la metodología cualitativa, las técnicas de recolección de datos han incluido: 1) entrevistas en profundidad a tres informantes-clave (profesionales y especialistas del MM). Estas entrevistas han sido diseñadas con preguntas semi-estructuradas destinadas a cubrir la investigación planteada (ver Anexo II, Guía de entrevistas) y 2) tres observaciones -de reuniones de oportunidad y presentación del negocio- realizadas por la firma internacional Herbalife, elegida por su representatividad dentro del MM y porque ha permitido el acceso a sus reuniones. Las mismas se desenvolvieron en Argentina y República Dominicana.

En lo que respecta a la metodología cuantitativa, se ha diseñado un cuestionario que ha sido enviado a 80 asociados independientes del sistema multinivel en Argentina y República Dominicana, los que fueron seleccionados al azar. Han respondido 30, los que han conformando la muestra analizada (Ver Anexo I, Formulario de encuesta a asociados independientes).Este cuestionario incluyó preguntas abiertas y cerradas tendientes a conocer al respecto de la problemática bajo estudio. Se recalca que esta encuesta no fue tratada con carácter cuantitativo, por lo que no se han operacionalizado variables.

La unidad de análisis incluyó al sistema de Marketing Multinivel (MM) y a la Base de la Pirámide (BdP), como también, a las personas que ejercían esta actividad en Argentina y en República Dominicana.

La unidad de respuesta han sido los profesionales y especialistas entrevistados, y los asociados independientes a los que se les ha realizado la encuesta, sin distingos de sexo y edad.

El criterio para la selección de la muestra es no probabilístico, intencional y accesible. Esto incluyó a los asociados independientes, varios de ellos provenientes de lugares muy carenciados, a los informantes-clave y a la empresa Herbalife.

En los tres casos contaban con características particulares que han sido juzgadas apropiadas a efectos de cumplir con los objetivos del presente trabajo. Asimismo, las personas elegidas estaban ejerciendo el negocio multinivel en diferentes compañías como Forever Living Products, Amway, Herbalife, entre otros.

Finalmente y por el hecho de tratarse de una investigación cuali-cuantitativa, el tamaño de la muestra no ha representado una limitación al alcance del trabajo.

Tanto en el Marco Teórico como en el Investigativo, se ha recurrido a una triangulación metodológica a efectos de garantizar –en mayor medida- los resultados del presente estudio. Además, se ha contemplado la experiencia profesional de los autores.

Con el análisis realizado se ha pretendido profundizar en el conocimiento de este tema y proponer un nuevo ámbito de entendimiento de las problemáticas subyacentes.

El marco espacial de este estudio ha sido Buenos Aires, Argentina, en conjunto con algunos datos recopilados en la ciudad de Santo Domingo y el temporal, Enero 2014 – Junio 2016.

ALCANCE, LIMITACIONES Y CLARIFICACIONES

El alcance de la presente investigación incluyó un estudio de las temáticas que han permitido profundizar el concepto del MM, el que ha sido integrado con una investigación de campo descripta precedentemente.

A los efectos de una mejor comprensión del presente trabajo, resulta necesario puntualizar algunas limitaciones y clarificaciones que han sido encontradas.

- Si bien el tema del Marketing Multinivel data de los años 1950s, la Base de la Pirámide es mucho más reciente (el libro de C. K. Prahalad fue publicado en el año 2004). Muy probablemente por esta razón es que ambos temas no habían sido relacionados como para dar una solución al problema de la pobreza. Tal como se planea en el estudio, el MM es un modo de ayudar –con una inversión de dinero mínimas- a las personas de bajo nivel económico a tener un negocio propio y poder desarrollarse en la vida como contribuyentes de valor.
- Se aclara que siempre que se refiere a niveles de educación de los asociados se implica, como mínimo, un nivel básico de lecto escritura y de matemáticas como para llevar adelante un negocio de este tipo.
- Respecto del Marco Teórico en el que se apoya esta investigación, la búsqueda ha comprendido el más amplio espectro posible, aunque no resulta posible confirmar que no exista otro tipo de oportunidad de negocio diferente, con características similares al mercadeo en red, que enfrente la pobreza y promueva el desarrollo de la BdP. Tampoco, que

existan elementos teóricos distintos a los presentados en este trabajo. De este modo, debe considerarse que se ha utilizado información secundaria importante de autores e instituciones internacionales, aunque resultaría impropio aseverar que toda la información relevante ha sido incluida debido a la amplitud de la temática abordada.

- Debido a la estructura de trabajo que caracteriza este concepto de negocio -donde el éxito está relacionado directamente con el esfuerzo de cada persona- existe una cierta dificultad en conocer quién tendrá logros en esta actividad, ya que no resulta sencillo pronosticar el comportamiento de los nuevos prospectos en el tiempo. De todas formas, los datos expuestos han sido analizados con el máximo cuidado con el fin de describir -del mejor modo- el significado y las potencialidades de este sistema.
- El presente estudio reviste un carácter complejo y multidimensional debido a su contenido altamente social. Como resultado, se propone un planteo en modo abierto y con tono de discusión profesional.
- El estudio de campo -Marco Investigativo- ha sido diseñado especialmente para la presente investigación, entendiéndose que soporta -apropiadamente- los resultados del análisis. A su vez, se aclara que los informantes-clave han brindado la mejor información de que disponían al momento de la entrevista.
- Se ha arribado a conclusiones basadas —estrictamente- en la información analizada. Debido a que se ha recurrido a un estudio predominantemente cualitativo, no podrán generalizarse los hallazgos, aunque se pretende realizar un aporte al proceso de toma de decisiones en temas concernientes a las personas pertenecientes a los segmentos de mayor pobreza en el mundo (BdP) y a la solución que – para ellas- puede representar el MM.

Se observa que las limitaciones y clarificaciones apuntadas no han representado un impedimento a los efectos de presentar un estudio razonable y profundo sobre el fenómeno estudiado. De esta manera, se indica que la hipótesis planteada ha sido corroborada y el objetivo verificado.

HALLAZGOS

Se resalta la gran oportunidad que representa el MM como proyecto de desarrollo personal y profesional, y para la transformación de la sociedad desde la BdP misma. Este concepto de negocio, se ha expandido gracias a que permite que las personas se ayuden entre sí, provocando crecimiento individual y colectivo. A su vez, el éxito de cada uno depende —casi con exclusividad- de su trabajo y esfuerzo, por lo que representa una actividad que no propone límites a la mejora que cada persona se proponga.

Se puntualiza que la sociedad evoluciona en modo desordenado y sin estructura. Actualmente, existen más de 4 billones de personas viviendo en extrema pobreza; muchas sin acceso a servicios de primera necesidad, sin empleo, sin educación, y sin oportunidades de emerger de su situación actual. Esta realidad resalta el gran papel que puede significar el MM con el fin de promover la mejora en la calidad de vida y como una posible solución para aliviar o suprimir la pobreza.

ORIGINALIDAD Y VALOR

Si bien es sabido que el empleo representa la forma más frecuente mediante la cual la mayoría de las personas obtienen sus ingresos, no es la única manera de ganarse la vida y lograr inclusión social.

En este estudio se muestra que el MM propone una forma de hacer negocios en la cual las personas contribuyen a que más individuos mantengan o mejoren su calidad de vida e –incluso- alcancen independencia económica. A tal punto se ha expandido esta idea, que ha logrado alcanzar los segmentos poblacionales con ingresos mínimos y con escaso o ningún nivel académico, conocido como la Base de la Pirámide (BdP).

El foco del estudio empírico ha sido Argentina, aunque se han realizado algunas ampliaciones a República Dominicana con el ánimo de expandir y enriquecer la investigación.

El presente trabajo encuentra sus motivaciones principales en la gran oportunidad de negocio que presenta el MM enfocado a la población de la BdP. Más detalladamente, resulta posible citar los siguientes factores como puntos relevantes:

- En el mercado -concebido de la manera tradicional- no se encuentran ofertas atractivas de emprendimientos personales que cuenten con bajo riesgo y que permitan salir del estado de pobreza de la población.
- La mayoría de las empresas multinacionales enfocan sus estrategias de productos y servicios a segmentos de mercado con un mayor poder adquisitivo, concibiendo su negocio como una actividad excluyentemente comercial.
- Deviene posible satisfacer expectativas profesionales orientadas a continuar desarrollando un modo de encarar los negocios que permita no solo el beneficio económico entre las comunidades menos favorecidas, sino también, el enriquecimiento social y personal, tanto para los proveedores de productos y servicios como para los consumidores.

Como objetivo final de este trabajo, se pretende dar a conocer el MM como un modo de hacer negocios con bajo riesgo y –prácticamente- sin requerimiento de educación previa, por lo que puede ser desarrollado en las poblaciones más pobres del planeta.

Se espera que este estudio contribuya a mejorar las condiciones de pobreza de muchos países a partir del conocimiento que pueden ofrecer las organizaciones multinacionales privadas y las ONG, alentando un mayor entendimiento de este fenómeno, el que resulta un elemento clave para el crecimiento individual y colectivo de la sociedad.

CAPÍTULO 1
INTRODUCCIÓN

Existen empresas que comercializan sus productos y servicios -a través de la venta directa y de la distribución persona a persona- mediante el Marketing Multinivel (MM), también conocido como mercadeo en red. A su vez y a través de los años, este tipo de actividad se ha ido configurando como un modo exitoso de hacer negocios en los mercados más pobres del mundo, donde las personas encuentran –regularmente- dificultad en ubicarse en un ámbito laboral tradicional cada vez más exigente debido a su bajo nivel educativo, la poca experiencia y los limitados recursos económicos con que cuentan.

Muchas compañías que utilizan sistemas multinivel concilian –apropiadamente- sus intereses con el de cada cliente y asociado independiente, ayudando a la autorrealización de muchas personas. Al respecto, Arroyo (2013) expresa que el MM permite iniciar un negocio -que se puede extender globalmente- con costes insignificantes. Indica que no es necesario tener ningún tipo de educación formal ya que lo importante se encuentra en contar con personas que realmente busquen cambiar sus vidas, ingresos, conductas y pensamientos limitantes.

En nuestra experiencia y luego de conocer este tipo de empresas por haberlas conformado y/o estudiado por años, se ha observado que su filosofía propone ayudar a las personas en su bienestar, promoviendo un estilo de vida activo y saludable. Asimismo, ofrecen una oportunidad de negocio abierta para cualquier persona que desee un cambio, sin importar sus antecedentes económicos o académicos.

Gracias a los seminarios ofrecidos regularmente por este tipo de compañías, se ha tenido la oportunidad de conocer a muchas personas pobres con testimonios de éxito en la actividad y logros en sus vidas, en su salud y en su situación económica. Muchas comenzaron –prácticamente- sin dinero, sin esperanzas en la vida, víctimas del desempleo y sin posibilidades de ingresar al mercado laboral debido a su poca preparación y, hasta incluso, limitaciones físicas.

Según Hammond et al. (2007) existen 4 mil millones de personas -que viven en la pobreza- con un ingreso promedio de US$2.22 por día, siendo los países más afectados Brasil, China, Ghana e India. Agrega que -de los 5,575 millones de habitantes registrados a nivel mundial- éstos representan el 72% y –geográficamente- se encuentran ubicados en América Latina y el Caribe, Asia, África, Europa Occidental.

De acuerdo con el World Bank (2011), en América Latina y el Caribe un total de 158.7 millones de personas vivían con US$4.00 al día. Ante esta situación, dicha entidad sugiere estrategias para cubrir necesidades e incrementar la productividad de esta población con el fin de proporcionarle el acceso a la economía de mercado global. Este segmento poblacional plantea un gran potencial -tanto como consumidores como emprendedores- por lo que diferentes Organizaciones No Gubernamentales (ONG) e importantes empresas multinacionales, en los últimos años, han enfocado su atención en él.

Por otro lado y a nivel mundial, se enfrentan situaciones de desempleo angustiantes. La Organización Internacional del Trabajo (OIT, 2014) sugiere que las propuestas planteadas para el aumento del empleo se han mantenido bastante débiles ya que -tanto las personas desmotivadas por conseguir realizar tareas remuneradas como los más jóvenes- se encuentran excluidas de las oportunidades de trabajo. Además, indica que -durante el 2013- el desempleo ascendió a 202 millones de personas a nivel mundial.

Como resultado de lo expuesto, la sociedad enfrenta dos retos enormes como son la pobreza y la falta de ofertas laborales, aunque -desde hace unos 65 años- existe un concepto de negocios que brinda oportunidades por igual, conocido como Marketing Multinivel (MM). En este sentido, Zane Pilzer (2014) entiende que este tipo de sistemas cuentan con la ventaja de dar participación a todas las personas que no tengan ingresos y que puedan estar alejadas del ámbito laboral, siendo -en muchas ocasiones- víctimas de los sistemas tecnológicos que han reemplazado la mano de obra humana.

Agrega que el éxito del MM radica en lo que se conoce como distribución intelectual, lo cual consiste en diseminar información acerca de algún producto o servicio en particular, proponiendo la mejora en la vida de las personas. Así, afirma que en el proceso se adquieren habilidades acerca de nuevos conceptos de negocios a través de la enseñanza a otros.

A su vez, se considera que el MM presenta características apropiadas para plantearse como una oportunidad para la población que vive con un bajo poder de compra diario. Por este motivo, el presente estudio cuenta con el objetivo de analizar esta posibilidad como vehículo de desarrollo para las personas de la BdP y como factor importante para erradicar o aliviar la pobreza. Finalmente, se propondrán ideas a efectos que el MM pueda ser adoptado por muchas más personas de bajos recursos a nivel mundial.

Se ha partido de la hipótesis que el MM representa un estilo de negocio que ofrece la posibilidad de ser iniciado con muy baja inversión, riesgo y nivel educativo, contribuyendo a mejorar la calidad de vida de las personas de muy pocos recursos a partir del desarrollo personal y financiero.

Como resultado, el Marco Teórico y el Marco Investigativo presentados pretenden ofrecer sustento y profundizar en el tema bajo investigación, brindando conclusiones al respecto de los elementos más relevantes que ubican al MM como una oportunidad de negocios.

A continuación y con el propósito de comprender en mayor medida este trabajo, se brindan sus principales lineamientos en el siguiente diagrama conceptual:

Diagrama 1: Lineamientos generales del trabajo

Fuente: Elaboración Propia

En el próximo Capítulo, se desarrollarán los conceptos teóricos que sustentan el presente estudio.

CAPÍTULO 2
MARCO TEÓRICO

En el presente Marco Teórico se propone el análisis sobre las posibilidades del Marketing Multinivel (MM) como una propuesta tendiente a mejorar la condición social y económica de muchas personas, especialmente aquellas pertenecientes a los sectores de menores recursos. Además, se desarrollarán diferentes temáticas complementarias que profundizarán los conocimientos del objeto de estudio, tales como:

- La conceptualización del MM y sus actividades fundamentales.
- Las ventajas y desventajas del MM.
- La Base de la Pirámide (BdP) y las posibilidades de desarrollo a partir del MM.
- Formar la red del MM como negocio inclusivo.

2.1. El Marketing Multinivel (MM)

El MM representa un sistema de venta directa de productos y/o servicios donde solamente intervienen la empresa o fabricante y el distribuidor, que es quién pone el producto a disposición del consumidor final. Este negocio cuenta con la ventaja de eliminar a los intermediarios y de tener un canal de distribución rápido, directo y con poco o ningún costo de publicidad, permitiendo –así- generar mayores ingresos para sus afiliados por medio del movimiento de productos dentro de su red.

La World Federation Direct Selling Associations (WFDSA, s/f) considera que el MM:

- Brinda interesantes ventajas a las personas que eligen tener un ingreso extra y formar un negocio por ellos mismos.
- Para los clientes, representa un modo diferente de compra al de los centros comerciales y tiendas por departamentos.
- Provee una opción a un empleo tradicional, permitiendo obtener ganancias que incrementan los ingresos del hogar.
- Representa una oportunidad para aquellas personas que -por diferentes situaciones- no pueden cumplir con un horario de trabajo parcial o una jornada completa.
- Propone una de las alternativas necesarias a los efectos de organizar y compensar a los revendedores en un negocio de venta directa.
- Involucra la administración, capacitación, entusiasmo e inclusión a la actividad de nuevos individuos, quienes promoverán y venderán productos de una firma.
- Sugiere un plan de pagos donde quien lleva a cabo la venta directa

cuenta con dos formas de ganancias: 1) Al recibir pagos por las ventas personales realizadas a clientes directos y 2) Obtención de ingresos de acuerdo a las ventas realizadas por las personas que han introducido ellos mismos dentro del plan. A partir de esta segunda forma, se perciben ingresos indirectos, de acuerdo crece la red. Esas comisiones son generadas por las ganancias de las ventas realizadas por el grupo o red de enrolados dentro del mismo plan.

Este estilo de actividad cuenta con la peculiaridad de no tener intermediarios tal como sucede en el mercadeo tradicional de productos. Así, Sousa Gomes (2013) considera que el MM representa un estilo de comercialización que ha ido ganando terreno a través del tiempo gracias a la facilidad de acercamiento que ofrece entre un fabricante o distribuidor y el cliente. Esto ha servido de alternativa, tanto para los pequeños negocios como para grandes corporaciones.

Además, agrega que cualquier individuo puede iniciar su propio negocio, sin requerirse ninguna educación en particular o algún modo de práctica previa. Concluye que lo importante para triunfar en el tema es tomar acción con las habilidades adquiridas en el proceso.

A continuación, se muestra, de manera gráfica, lo propuesto por Sousa Gomes (2013) cuando compara la cadena de distribución tradicional y el MM (la flecha gris representa la cadena tradicional y la verde indica cómo el consumidor está conectado directamente con el fabricante a través de la tecnología, tal como sucede en el MM):

Gráfico 1: Cadena de distribución tradicional y MM

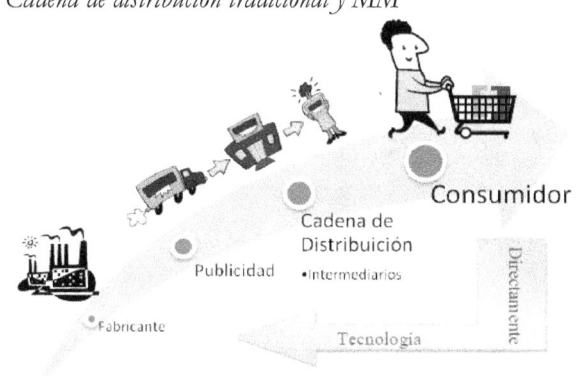

Fuente: información obtenida del sitio web
http://repositorio.bib.upct.es:8080/jspui/bitstream/10317/3673/1/tfg221.pdf. Recuperado el 23/08/2014

Si bien acortar distancias entre proveedores y consumidores deviene en una gran ventaja en este sistema, los distribuidores –también- obtienen un interesante beneficio monetario por la construcción de una red. Según Poe (2001), el MM -conocido como network marketing o multilevel marketing- representa una forma de venta de productos donde asociados independientes pueden afiliar a más personas y obtener ganancias por la circulación de dichos productos dentro de una red. Dicho autor refiere que, este estilo de negocio es utilizado para diferenciar los planes de compensación que les permite, a los asociados, generar ingresos en diferentes niveles. Insiste que el mercadeo en red se refiere a cualquier manera de venta que permite, a los distribuidores, invitar personas a la actividad y recibir comisiones por las ventas de estos nuevos distribuidores, y así sucesivamente. En definitiva, este concepto permite -a los representantes independientes- crear una organización en profundidad, con un número importante de niveles, los que pueden estar compuestos por cientos o hasta miles de personas.

Sousa Gomes (2013) propone la siguiente ilustración donde ejemplifica el desarrollo de una red desde que el distribuidor es un usuario de los productos que comercializa (Nivel 1), hasta aumentar -de manera progresiva- los diferentes niveles de asociados patrocinados (Niveles 2, 3 y 4). De este modo, la expresión multinivel se refiere a los niveles en que se perciben ingresos debido al comercio y distribución dentro de una red.

Gráfico 2. Estructura de red multinivel

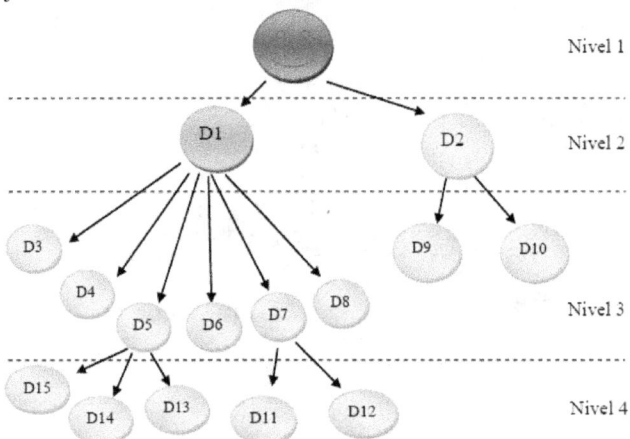

Fuente: información obtenida del sitio web
http://repositorio.bib.upct.es:8080/jspui/bitstream/10317/3673/1/tfg221.pdf. Recuperado el 23/08/2014.

Como se mencionó anteriormente, el estilo de negocio está basado en la venta directa, la que es presupuesta como una oportunidad de crecimiento personal y profesional para los individuos que realizan esta actividad ya que -en el proceso- se adquieren habilidades de comunicación, disciplina y liderazgo. Tal lo manifestado previamente, la Cámara Argentina de Venta Directa (CAVEDI, s/f), indica que el MM representa una manera de llevar a cabo la actividad de venta directa por la que el distribuidor genera ingresos por la diferencia de descuento en que obtiene los productos y el precio de venta ofrecido al consumidor final. Adicionalmente, se reciben ganancias debido a la compra originadas por las redes de afiliados independientes, los cuáles han sido introducidos al negocio por dicho distribuidor.

Tal lo planteado, resulta posible indicar que el MM propone un estilo de negocio que tiene -como fuente principal- los ingresos en concepto de la venta directa realizada. Plantea la particularidad de tener un plan de pago adicional para los asociados que lo ejercen, lo cual consiste en la percepción de ingresos residuales en varios niveles gracias al desarrollo de redes de personas que -a su vez- realizan las actividades de venta y reclutamiento al sistema.

En el siguiente cuadro se proponen los principales conceptos vertidos en el presente apartado:

Cuadro 1 – Marketing Multinivel (MM)

Tema	Concepto
Marketing Multinivel (MM)	Sistema de ventas directas donde no hay intermediarios ni costos de publicidad. Representa una alternativa diferente para acercar productos y servicios al mercado.
	Propone un plan de pagos para sus asociados de acuerdo a su crecimiento y desarrollo de la red, lo que es(entendido como un aumento de ventas y patrocinio de nuevos prospectos a los cuales se les enseña a ser líderes y formar grupos.
	Sirve de sustento extra al ingreso del empleo tradicional.
Distribución y Publicidad por MM	La distribución por MM ha ganado terreno debido a que acorta distancias entre el distribuidor y el cliente.
	Reduce notablemente los costos de publicidad.
Plan de compensación	Forma de pago que utilizan las empresas de mercadeo en red por las ventas directas de sus asociados y la formación de un equipo de trabajo al que se le enseña a vender y a reclutar más personas.

Fuente: Elaboración Propia

2.2. Las actividades en el MM

Este tipo de sistema se caracteriza por manejar diferentes prácticas con el fin que las personas -que forman parte del mismo- puedan alcanzar sus propias metas personales, tanto de calidad de vida como de beneficios

económicos.
Una de las principales particularidades que ha logrado que este método se mantenga en constante expansión es el flujo de distintas actividades, tales como la utilización del producto; la venta persona a persona -donde las relaciones se fortalecen entre el cliente y el asociado-, la formación de equipos de trabajo -que es donde se construye la red- y -finalmente- la necesidad de encarar un adecuado plan de acción a los efectos de poner en práctica este sistema. A continuación, se ofrece un mayor detalle de las actividades que lo conforman, las que han profundizado el crecimiento continuo del mercadeo en red.

Utilización del producto
De acuerdo con King y Robinson (2006), con la utilización de los productos y servicios que el asociado comercializa, resulta posible obtener los resultados necesarios para –luego- recomendarlos. De este modo, los que ejercen la actividad refieren a que se convierten en "producto del producto".
A su vez, el distribuidor obtiene un descuento al adquirir los productos a la empresa.

Venta Directa
La venta directa se convierte en el vehículo utilizado a los efectos de presentar o exponer productos y servicios persona a persona. Representa el puente que conecta al vendedor con el consumidor en un ambiente más relajado y coloquial, saliendo de la lógica que propone una transacción comercial en algún local establecido. Esta actividad permite brindar una descripción o exposición de los productos de parte de un vendedor independiente.
Según Palomeque Nieto (2013), el contacto personal -que se da en la venta directa- se constituye en el sello distintivo del negocio multinivel, lo cual brinda la forma de atracción de prospectos nuevos a la red y permite la muestra de productos. Indica que existe una gran cantidad de integrantes que ponen en práctica herramientas -tales como reuniones caseras con una cantidad determinada de personas- dándose la oportunidad de:
• Probar productos con el fin de cerrar ventas de mayor volumen.
• Lograr escalar dentro de los niveles determinados en la empresa.
• Aprovechar la chance de sumar nuevos integrantes a la organización.
A continuación, se presenta una gráfica de los diferentes elementos empleados en la venta directa que- a diferencia de la realizada a distancia o por Internet- siempre involucra la interacción cara a cara con las personas:

Gráfico 3. Formas de realizar la venta directa

Fuente: CADEVI obtenido del sitio web
http://www.cavedi.org.ar/page.php?language=sp&section=venta-directa&action=es-venta-directa
Recuperado el 24/08/2014.

Formación de equipos de trabajo: Creación y desarrollo de una red
En este aspecto, King y Robinson (2006) establecen que el asociado cuenta con la oportunidad de crear una red de distribución de productos, liderando y enseñando a un conjunto de distribuidores. A su vez, esto genera -gracias al trabajo realizado para el mismo asociado- una mezcla de comisiones y bonos que se desprenden de las ventas ejecutadas por toda la organización de personas que se hayan sumado al proyecto y que hayan sido capacitadas y administradas por la persona que generó la red.

Plan de Acción
Para un individuo que recientemente se inicia en la actividad de network marketing, deviene fundamental -junto con su patrocinador- diseñar un plan de acción que le permita dar los primeros pasos en el negocio y desarrollarse con el tiempo. Junto con el material que se obtiene en el paquete de membrecía y el uso del producto comprometido, el nuevo distribuidor debe convertirse en un consumidor ejemplar de lo que va a comercializar, mientras va conociendo y avanzando en la actividad.
Con el fin de tener éxito en el MM y desde un inicio, el asociado debe enfocar su capacitación, obteniendo la información correcta y llevándola a la acción. En este sentido, Litvachkes (2014) propone siete elementos que debe tener un networker altamente efectivo, los que se describirán brevemente a continuación. Cabe destacar que se enfatiza que estos elementos son aplicables antes de tomar total responsabilidad con la organización que se pretende formar:

1. Uso del Producto: A los efectos de comenzar con la actividad, se debe tener un uso adecuado del producto, de manera de obtener resultados y, con ellos, poder recomendar lo que vende. Así, se transmite -con sinceridad y conocimiento- el mensaje con el que se desea captar al interesado. Se puede emprender el negocio y dedicarse puramente a las ventas, aunque si dicha persona no puede mostrar resultados eficaces, no estará en condiciones de obtener los logros que pretende.

2. Mantener su Stock: Cuando un individuo decide ser un distribuidor independiente se le va a sugerir tener un pequeño inventario mínimo que haga funcionar fluidamente su negocio. Responder a la posible demanda y la reposición constante resultan elementos clave para toda persona que se dedique a esta actividad.

3. Una acción diaria de comercialización: Cada día, debe ser utilizada alguna herramienta que sirva para generar contactos nuevos que puedan interesarse en los productos. Las mismas incluyen llamadas telefónicas a conocidos o referidos brindados por otros clientes, encuestas y entrevistas, entre otras. Deviene probable que -a partir de esta actividad- no necesariamente se cierren ventas, aunque sí pueden concretarse reuniones para futuros encuentros de demostración de productos.

4. Armar un equipo: Así como en el punto anterior, se debe contar con -por lo menos- un método de contacto de personas a los fines que la red crezca. Así, podrán realizarse reuniones de oportunidad, generación de conversaciones que tengan que ver con la actividad, brindar el apoyo necesario a alguien que recientemente comienza y/o –finalmente- ayudar en el seguimiento necesario a aquellos clientes o colaboradores a los que se les presentó una oportunidad y -aún- no tienen una decisión final sobre la misma. Estas herramientas pueden ser llevadas a cabo de manera personal o -gracias a la tecnología- de manera virtual.

5. Leer veinte minutos diarios: La lectura representa un tema clave para la formación profesional de un distribuidor independiente. Si bien estamos invadidos por las malas noticias, resulta imprescindible nutrir nuestra mente con información de valor para nosotros. Por eso, no solo debe ser positiva, sino –además- productiva. A tales fines, pueden utilizarse libros de crecimiento personal y éxito, autoayuda, finanzas y materiales que no necesariamente tengan que ver con el marketing multinivel. Cabe destacar que la lectura se transforma en un soporte fundamental al respecto de los cuatro puntos anteriores.

6. Escuchar audios veinte minutos diarios: Esto se puede llevar a cabo a través de videos de líderes que hayan alcanzado un cierto éxito y libertad financiera, como escuchar exposiciones de los mismos especialistas tomados en las lecturas diarias realizadas. Muchos de estos videos se encuentran en las páginas internas de la compañía a la que se pertenezca. El objetivo se refiere a la obtención de ayuda y enseñanzas prácticas para el logro de las metas que cada asociado se proponga.

7. Elegir un mentor: Generalmente el patrocinador -que representa la línea ascendente inmediata de cada persona- es quien debe realizar esta tarea. Cabe destacar que si el mentor fuera nuevo, la mejor opción sería seleccionar un líder de la misma red que ya haya tenido logros verificables a efectos de ser de mayor ayuda. En este punto, deviene de vital importancia el compromiso de guía que se asuma ya que es clave para el crecimiento del asociado independiente.

A modo de resumen de lo expuesto en el presente apartado, se sugiere que -dentro del MM- existen ciertas actividades básicas destinadas a llevar a cabo este tipo de negocios. La utilización del producto representa el inicio del proceso a los de efectos de llegar a la recomendación y efectuar las ventas. Luego, surge la creación de una red de distribuidores -donde se le enseña a realizar la venta y el reclutamiento- y, finalmente, la puesta en práctica de un plan de acción apropiado que permita llevar a la práctica todo el proceso explicitado. También, se deben de tener en cuenta ciertas acciones adicionales que ayudan a obtener el éxito en el negocio, tales como la lectura de libros, escuchar audios de crecimiento personal, efectivizar contactos de venta, mantener un stock adecuado y, por último, contar con un mentor o guía que oriente al nuevo distribuidor y sirva de apoyo en todo momento.

El siguiente cuadro propone las actividades expuestas precedentemente y una breve explicación de cada una:

Cuadro 2. Las actividades en el MM

Tema	Concepto
Uso del producto	Representa la base del negocio y el modo de obtener resultados con los productos comercializados para –luego- estar en condiciones recomendar y cerrar las ventas.
Venta Directa	Es el vehículo para forjar relaciones -más allá de lo comercial- entre el cliente y el distribuidor.
Creación de una red	El desarrollo de una organización hace que el mercadeo en red tenga lugar, compensando al asociado con comisiones y bonos en los diferentes niveles.
Acciones para tener éxito en el sistema del multinivel	Uso del producto, mantener un inventario, comercialización de productos y/servicios, formar un equipo, leer, escuchar audios de superación personal y tener un mentor.

Fuente: Elaboración Propia.

2.3. Ventajas y desventajas del MM

En las últimas décadas, el MM ha sido un tema de debate a nivel mundial. Por un lado, se dio a conocer como una oportunidad de negocio que se brinda -por igual- a cualquier persona. A través del tiempo, ha tomado fuerza gracias al buen desempeño y la manera comprometida con que algunas empresas se comportan.

Por otro lado, esta actividad ha sido protagonista de fuertes ataques por ser encuadrada dentro de los esquemas piramidales, los que son considerados ilegales por la Federación Mundial de Asociaciones de Venta Directa (WFDSA, por sus siglas en inglés).

Adicionalmente y si bien el mercadeo en red se encuentra potenciado por la cantidad de personas que toman la decisión de ingresar y se mantenerse en él, existen otros factores que podrían empañar el no alcanzar el éxito en esta actividad, los cuales serán abordados en el presente apartado.

Kiyosaki y Letchter (2012) refieren que apoyan esta industria debido a que:
- Muchas de las empresas que llevan adelante estas prácticas sirven de educación empresarial para las tantas personas, en lugar de transmitirlos solamente en las corporaciones. Así, estas organizaciones logran transmitir -a los individuos que las componen- cómo desarrollar su propio negocio, en lugar de mostrarles cómo hacerse un buen empleado leal, trabajando para personas con mayor poder adquisitivo.

- Resulta una forma muy justa de generar capital ya que está diseñado para ayudar a personas sin importar el género, el color de piel, el lugar en donde vive, el nivel académico, la posición social de la familia, o si se es empleado, auto empleado o desempleado.
- Primariamente, se enfoca en nuevos niveles de compromiso y aprendizaje de hábitos y disciplinas de los individuos, lo que los conduce al progreso. Asimismo, les brinda el coraje necesario a los fines de permanecer en la actividad, tanto en los momentos buenos como en los difíciles, mientras se recorre el camino de instruirse para ser dueño independiente de su propio negocio.

Otra de sus ventajas se relaciona con ofrecer -a los participantes- distintos elementos que los impulsan a efectuar acciones en favor de un negocio que ellos mismos -en condiciones normales- no harían. Al respecto, Sousa Gomes (2013) distingue dos elementos fundamentales:
- El ahorro monetario, ya que no se incurren en gastos como anuncios, empleados, locales y costos fijos.
- Un factor motivacional, que impulsa a los asociados a dar lo mejor de sí para alcanzar sus metas de vida, inculcando –además- valores para las personas y las comunidades donde participan, ya que -si bien cada individuo es independiente- todos los integrantes de una red se potencian a nivel grupal, colaborando los unos con los otros a efectos de alcanzar sus sueños. Durante este proceso y a través del apoyo colectivo, se incita mucho al propio aprecio, a la confianza en sí mismo y a la toma de decisiones.

El MM se ha convertido en una manera de distribución que ha mantenido una tendencia al crecimiento constante, pudiendo diferir de otras maneras de hacer marketing ya que propone una nueva ética y procedimientos a los sistemas de venta conocidos. Al respecto, García Sánchez (2004) recalca las siguientes características del mercadeo en red:
- Los asociados son -al mismo tiempo- usuarios de los productos que comercializan.
- La lealtad de los clientes deviene en un factor importante, por lo que se debe ser tenido en cuenta lo siguiente: a) Dentro de la red, las personas logran establecer un vínculo que va más allá de la compra y venta de productos, y b) Los miembros de la organización logran una fuerte emoción de ser parte de un grupo, lo cual reafirma la constancia en el negocio.
- Uno de los desafíos más difíciles con que cuenta el nuevo asociado se conecta con el desarrollo y dirección de su propia red de comercialización y con el uso de productos. El reto de transmitir estas prácticas -a las personas que recientemente comienzan la actividad- no

resulta una tarea sencilla ya que -por el contrario- puede convertirse en una actividad desilusionante. Si se llegara a esta instancia, el nuevo distribuidor debe contar con la información correcta e ideas motivacionales que lo impulsen a continuar y a entender que puede alcanzar los altos niveles de ingresos que propone el network marketing.

A su vez, Aguilar Esteva (2005) agrega una serie de ventajas de este tipo de comercialización:
- Brinda oportunidades laborales a un amplio número de personas que no son tomados en cuenta en los empleos tradicionales, permitiendo -a cualquier individuo y de una forma práctica- sustentar el salario de un empleo.
- Las personas comienzan como pequeños dueños de negocio e irán creciendo según su esfuerzo. En este camino, podrán desarrollar distintas tareas por sí mismos, y según pueda ir desarrollándose y creciendo en su organización.
- Representa una forma simple y accesible de adquirir educación básica sobre temas comerciales y financieros.
- Se convierte en un medio para que las empresas -que ofrecen productos o servicios particulares- produzcan significativos ahorros en costos de publicidad, evitando la competencia que comúnmente se da en los negocios minoristas.
- Cuenta con un alcance a casi cualquier zona del planeta, motivo por el cual ha incursionado en el mundo globalizado.
- Se observa que las corporaciones que utilizan este sistema de distribución no incurren en gastos relacionados con la gestión de ventas, ascendiendo sus ingresos rápidamente.

Al comparar el MM con un empleo tradicional, esta autora indica que una desventaja se relaciona con la falta de beneficios, o sea, la falta de seguro de salud y de un plan de jubilación para el retiro.
Kiyosaki y Lechter (2012) agregan que esta industria cuenta con una filosofía de la oportunidad a todas las personas por igual, dando lugar a que individuos tramposos, engañadores, chantajistas y personas sin ningún tipo de vergüenza se unan al negocio y realicen presentaciones artificiales ofreciéndoles a los prospectos, mayormente sin experiencia, a hacerse ricos de una manera rápida y sin mayores esfuerzos.
De acuerdo con nuestra experiencia, uno de las principales críticas que ha enfrentado el marketing de redes es que se lo considera un esquema piramidal.
En realidad, el mercadeo en red cuenta con un plan de compensación basado en la venta de productos y servicios al consumidor final y los

esquemas piramidales se caracterizan por realizar ofrecimientos mentirosos[i] de negocio en donde los prospectos deben realizar importantes inversiones de dinero con el objeto de poder formar parte del mismo. Desafortunadamente, muchas personas han sido víctimas de estos fraudes ilegales que -a su vez y frecuentemente- tienden a ser confundidos como negocios de venta directa.

Con el fin de entender de un mejor modo al esquema piramidal, la World Federation and Direct Selling Associations (s/f) lo describe como una actividad en la cual -las personas que ingresan en la parte más baja de la pirámide- deben pagar un monto de inicio a otras que se encuentran en el tope de la misma. Es por ello, que la raíz de este sistema de compensación se basa siempre en la inclusión de más prospectos y de los pagos a manera de inversión efectuados, no de la distribución de algún producto o servicio que el consumidor final compre. En ningún momento, se puede apreciar que la división de ganancias provenga de las ventas, sino de las entradas de nuevos prospectos, donde la supuesta inversión va dirigida a los iniciadores más altos de la pirámide.

Ayala Castillo (2013) establece que la diferencia primordial se refiere a que en el MM existe un flujo de dinero debido a la venta de productos y servicios dentro de la red. Como oposición, en el sistema piramidal el capital no genera un rendimiento[ii] como tal y no existe una forma clara para explicar la multiplicación del mismo. Así, en la pirámide, el rendimiento de los ingresos se basa en las contribuciones que van realizando los que se unen a la base de la misma, mientras que en el multinivel la mayoría de los ingresos provienen de eliminar los costos de comercialización y distribuir los productos y servicios a través de la recomendación directa persona a persona.

A continuación, se presenta una gráfica acompañada de un cuadro comparativo donde se ilustra el comportamiento y las diferencias del MM con los sistemas piramidales:

Gráfico 4. El MM versus el sistema piramidal

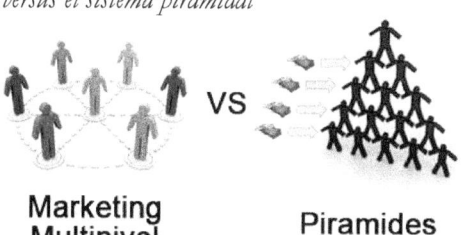

Fuente: http://marketingdered.com/las-diferencias-entre-un-negocio-multinivel-y-un-sistema-piramidal/ Recuperado el 01/10/2014.

A efectos de presentar un mayor detalle comparativo del MM y los sistemas piramidales, en un trabajo anterior (Nina, 2000) se ofrece el siguiente cuadro:

Cuadro 3. Diferencias entre el MM y el sistema piramidal

SISTEMA DE NEGOCIO MULTINIVEL	SISTEMA PIRAMIDAL
(Desde 1950)	(Desde 1980)
Bajo costo de entrada. El monto que se requiere resulta ser muy pequeño. Dicho monto es utilizado para cubrir los costos de productos de muestra, material de capacitación y presentación.	Monto de ingreso alto. Generalmente se acostumbra a disfrazar los costos elevados como parte del valor del material de capacitación, inventario de producto, etc. No suele existir un producto como tal para la venta. El grueso de ganancias en la pirámide se desprende del ingreso de las personas a la actividad.
Productos de calidad. Se comercializan productos de alta calidad para el mercado en general. Los mismos, no pueden ser encontrados en tiendas tradicionales, ni con el mismo precio ni calidad.	No suele conocerse la existencia de productos, en dado caso de que hubiera, la eficacia resulta poco confiable.
Objetivo: Distribuir productos y servicios. *Los ingresos son percibidos por la venta de los productos y servicios. De no llevarse esta acción a cabo, no existirían los mismos.*	Objetivo: Ingresar personas al negocio. *El ingreso se genera por la cuota de inicio que abonan los nuevos participantes. Ese dinero re-circulante de nuevos prospectos es lo que mantiene el negocio.*
Existen las mismas condiciones para todos los asociados.	*Las condiciones no son equitativas, ya que en una pirámide, los que están más arriba siempre estarán en esa posición y sus ganancias serán mayores que los que están más abajo.*
El esfuerzo es reconocido. Alcanzar el éxito en el sistema multinivel va a depender del nivel de compromiso que tenga la persona. Sus ganancias son conforme al esfuerzo invertido en su negocio independiente.	*El esfuerzo no significa nada. Es posible dentro de la pirámide comprar un puesto concreto.*
ES UN SISTEMA DE NEGOCIO LEGAL.	ES ILEGAL Y PENADO POR LA LEY EN LA MAYORÍA DE LOS PAÍSES.

Fuente: http://marketingdered.com/las-diferencias-entre-un-negocio-multinivel-y-un-sistema-piramidal/ Recuperado el 01/10/2014.

Acusaciones en contra de Herbalife

En mayo del 2012, Bill Ackman, inversionista de Estados unidos que se destaca por buscar oportunidades de rentabilidad, decidió emprender una guerra en contra de Herbalife, apostando a que las acciones de la compañía de suplementos nutricionales iban a bajar, por consiguiente, él ganaría dinero. Para esto, la atacó sistemáticamente alegando que la compañía utilizaba un sistema piramidal en su modelo de negocios, lo cual hizo que se genera un juicio donde el señor Ackman declaraba ciertas imprecisiones de la compañía de multinivel con el fin de generar cierta desestabilización. Dicho juicio es ganado por Herbalife ya que al concluir la investigación de la FTC (Federal Trade Commission), la misma declaró que el modelo de negocios utilizado no es un esquema piramidal[iii].

Sin embargo, resulta que se han dado manejos no adecuados en cuanto a la forma en que algunos distribuidores de Herbalife ofrecen la oportunidad de negocio, promocionando la rapidez con que se pueden generar ingresos, los beneficios de los productos, la facilidad de tener un negocio propio o de hacerse rico. Debido a esto, la multinacional de suplementos nutricionales pagó Usd $200 millones para compensar a consumidores, los cuales consideraron que la oportunidad de negocio no se les ofreció correctamente. A su vez, la misma prometió reestructurar el negocio.

La Directora de la agencia de protección al consumidor, Jessica Rich (2017) en Nieto (2017), expresó lo siguiente: "estamos complacidos de anunciar que miles de consumidores trabajadores victimizados por las ganancias engañosas de Herbalife, van a recibir su dinero de vuelta, acompañado con los cambios que debe de efectuar la compañía a su estructura de negocio". Agrega que, a los fines de determinar las personas que recibirían cheques y la cantidad de los mismos, la FTC utilizó los registros de Herbalife. Estos reembolsos estaban destinados a personas que estuvieron en la actividad entre el 2009 y 2015. La mayoría de estos cheques oscilaban entre usd $100 y $500, mientras que los más cuantiosos ascendían a 9,000 dólares americanos.

En el presente apartado, se han presentado ciertas ventajas del MM relacionadas con la educación de aquellos que se propongan iniciar este tipo de negocios. También, se ha hecho referencia a los bajísimos costos de distribución y a la importancia de forjar relaciones interpersonales.

Por otro lado, la actividad presenta ciertas desventajas como la aceptación de toda persona por igual -por lo que puede filtrarse gente falsa con intereses propios- y la carencia de beneficios, tales como un seguro de salud y un plan de jubilación.

Por último, se hace notar que aún existe confusión entre el concepto del mercadeo en red y los sistemas piramidales ilegales que tienden a empañar la imagen y credibilidad del MM, se ha citado un caso actual en que estuvo envuelta la compañía Herbalife.

A modo de resumen -en el siguiente cuadro- son presentadas las ventajas y desventajas del MM:

Cuadro 4. Ventajas y desventajas del MM

Ventajas	Desventajas
Ofrece educación empresarial.	La política de puertas abiertas dan paso a que engañadores y tramposos entren en el negocio.
No discrimina ningún prospecto.	Resulta difícil transmitir la motivación necesaria para que el grupo se mantenga firme en sus objetivos.
Representa un notable ahorro monetario en distribución y en publicidad.	No ofrece los beneficios del empleo tradicional, como jubilación y seguro de salud.
Existe un apoyo colectivo entre las personas de la red.	Tiende a ser confundido con los sistemas piramidales.
Se establece una lealtad entre el cliente y el distribuidor.	

Fuente: Elaboración Propia

2.4. La Base de la Pirámide (BdP)

La Base de la Pirámide (BdP) representa a más de 4 billones de personas que viven en extremas condiciones de pobreza en todo el mundo. Debido a esta condición, gran parte de la población no puede acceder a los productos y servicios con facilidad, debiendo abonarlos más caros debido a que –entre otras cosas- existe una sanción por la pobreza en que viven.

Asimismo, las grandes compañías multinacionales no observan a este segmento de mercado como atractivo, aunque representa una gran oportunidad de negocios en todo el mundo, siempre y cuando puedan ser ofrecidos productos y servicios accesibles, en modo eficiente. De acuerdo con Prahalad (2013)[iv] la pobreza debe ser observada como una oportunidad factible, a pesar de haber sido opacada por ciertos puntos de vista negativos -principalmente de las Organizaciones no Gubernamentales (ONGs)- por considerar a los pobres como una carga y un mal para el Estado. Afirma que deviene imprescindible cambiar prejuicios y pensamientos diferenciales en relación a los pobres y comenzar a verlos como potenciales micro-consumidores, micro-productores y micro-empresarios dinámicos, competentes y eficaces. Entiende que las corporaciones deben organizarse - utilizando la imaginación y planteando nuevos modelos de negocios a efectos de identificar el poder adquisitivo colectivo con que cuenta este mercado. El objetivo final se dirige a convertir –a este mercado- en la fuerza del desarrollo mundial.

A los efectos de identificar este segmento poblacional -dentro de lo que es la pirámide de la economía mundial y sus diferentes niveles de consumo- se presenta la siguiente gráfica, en la que se especifica el poder adquisitivo con relación a la población:.

Gráfico 5. La base de la pirámide

Fuente: *Información obtenida del sitio Web: http://www.iese.edu/es/files/CIILMARodriguez_tcm5-5528.pdf. Recuperado el 15/10/2014.*

De la gráfica anterior, se desprende que existen cuatro niveles de consumo a nivel mundial. En el más alto, se representa a las personas más ricas, mientras que los niveles 2 y 3 son ocupados por las clases medias. Por último, en el nivel 4 se ubica la gran población del tema de la presente investigación.

Prahalad y Hart (2002) expresan que -en la cima de esta pirámide- se encuentran entre 75 a 100 millones de consumidores de todo el mundo, un selecto grupo cosmopolita compuesto por individuos con ingresos medio-altos y personas ricas de países desarrollados.

En la mitad de la pirámide, se pueden apreciar los niveles 2 y 3, consumidores que viven en países avanzados y aquellos de la clase media en proceso de crecimiento económico, que viven en países sub-desarrollados.

Finalmente, los autores invitan a considerar –especialmente- los 4 billones que se encuentran en el nivel 4 de esta escala mundial -situados en la base misma de la pirámide- como un extenso grupo de la población que cuenta con un poder adquisitivo anual de menos de US$1,500.00 dólares (esta

suma representa lo mínimo considerado para llevar una vida decente).
Indican que con el fin de enfocar a este mercado, se hace necesario que las grandes organizaciones del sector privado propongan escenarios "ganar-ganar". De este modo, los pobres deberían poder obtener un valor apropiado en productos y servicios, mientras que las empresas deberían lograr rentabilidad actuando en estos mercados.
De acuerdo con estas ideas, Karmani (2007) explica a la BdP de la siguiente manera:
- Existe un gran poder de compra sin explotar en este mercado y las compañías pueden lograr una significativa rentabilidad, sirviendo a los más pobres.
- A partir de venderle a los más desfavorecidos, las organizaciones pueden crear bienestar, sirviendo de gran influencia a los fines que la pobreza pueda ser suprimida.
- En el proceso de comercialización hacia los pobres se observa un papel importante de liderazgo –en ventas y desarrollo de mercados- que deben ejercer las grandes empresas multinacionales.

Ahondando en esta temática, Arora y Romijn (2009) destacan que -si se combinaran las iniciativas de brindar progresos a la BdP con los esfuerzos de las corporaciones multinacionales- se podrían brindar respuestas al desarrollo pausado que han tenido estas compañías en sus respectivos países de origen. Refieren que el mercado de los pobres es considerado la última frontera para los negocios, brindando altas posibilidades de inversión y consumo. Finalmente, argumentan que la oportunidad está latente ya que los más pobres se encuentran desatendidos debido a los desbalances que se observan en el mercado. Así, los servicios de primera necesidad a los que acceden -como salud, agua o crédito- generalmente son adquiridos a un costo más alto comparado con los mismos servicios ofrecidos al mercado de mayor poder adquisitivo. Esto es debido a los monopolios locales que se han ido formando, la sanción por la pobreza y la falta de información en esos mercados.
A su vez, existen ciertos criterios y prejuicios equivocados en relación a esta temática. Prahalad (2013) indica que las grandes multinacionales suelen contar con tres suposiciones erradas que imposibilitan observar el potencial de negocios que ofrece el mercado de más bajos ingresos, a saber:
1. Los pobres no son aptos para obtener los productos y servicios comercializados en los países desarrollados debido a sus precios, aunque -en realidad- se debería reconsiderar la alta estructura de costos de esas empresas que aleja -a estos productos y servicios- del mercado de bajos recursos.
2. La última tecnología no es necesaria en la BdP, cuando debería pensarse justo lo contrario. Por ejemplo, existen 3 mil millones de

personas anhelando utilizar los servicios de la telefonía móvil, un dispositivo que les ayudaría a simplificar sus vidas.
3. Todo lo novedoso viene de los países desarrollados (un pensamiento totalmente soberbio) ya que los pobres son considerados como poco pensantes y con falta de talento. La realidad es que este segmento del mundo ha estado sobreviviendo bajo las mismas condiciones por bastante tiempo y son -esas mismas condiciones- las que los ha llevado a desarrollar destrezas de análisis que le ayudan a entender la lógica de sus propias decisiones. Concluye, expresando que la pobreza no es sinónimo de tontería, sino ausencia de oportunidades.

De acuerdo con lo expuesto en este apartado, la BdP se relaciona con la gran población compuesta por más de 4 billones de personas que viven con un ingreso mínimo de aproximadamente US$4 dólares al día. En este contexto, las grandes multinacionales deberían replantear sus estrategias y modelos de negocios frente a este mercado, al mismo tiempo que se requiere un cambio en la visión de los mismos. Asimismo, se deberían implementar acciones que permitan tomar ventaja del gran potencial de oportunidades que ofrece esta población, ampliando el rango de negocios e incluyéndolos en el contexto de la economía mundial.

A manera de síntesis, en el siguiente cuadro se presentan los conceptos fundamentales expuestos en este apartado:

Cuadro 5. La Base de la Pirámide

Tema	Concepto
Base de la pirámide	Representada por los más de 4 billones de personas más pobres del mundo, los que no pueden acceder a los mercados globales. Pagan más por productos y servicios ya que cuentan con una sanción por la pobreza.
Cambio de paradigma	Este segmento de mercado debe ser planteado desde otra perspectiva a los fines de poder identificar las oportunidades de negocios que ofrece.
Los 4 niveles del poder adquisitivo	Nivel 1, con ingresos anuales de más de US$ 20,000. Nivel 2 y 3, con ingresos de entre US$ 1,500 y 20,000 anuales. Nivel 4, los más pobres, con ingresos de hasta US$ 1,500 anuales.
Los 3 supuestos errados	1. Los pobres no pueden abonar por ciertos productos. 2. Los pobres no necesitan alta tecnología. 3. Todas las innovaciones provienen de los países desarrollados.

Fuente: Elaboración Propia

2.5. Estrategias para el desarrollo de la BdP

Servir al mercado más pobre a nivel mundial resulta muy distinto que hacerlo a los ya existentes. En los primeros se requieren modos más eficientes en el manejo de las operaciones y de todo lo relativo a infraestructura, como también nuevos modelos de negocios ajustados a sus necesidades, con intervención conjunta de organizaciones multinacionales, gubernamentales, no gubernamentales y –también- comunidades locales.

Prahalad y Hart (2002) establecen cuatro elementos clave a los fines de incentivar el progreso de este extenso mercado a nivel mundial: 1) crear poder de compra, 2) adecuar las aspiraciones, 3) optimizar los accesos y 4) adaptar soluciones locales.

Sugieren que -con el fin de llevar a cabo cada una de estas acciones- varios protagonistas deben tomar parte en el tema ya sean autoridades locales de cada país, organizaciones sin fines de lucro e instituciones financieras. A su vez y tal lo propuesto por los autores precedentes, plantean que se requiere el desarrollo de tecnologías, nuevos modelos de negocios y procesos de gerenciamiento adaptados a crear ventajas competitivas para las empresas y para los pobres.

A continuación y en mayor detalle, se analizan los cuatro componentes aludidos a efectos de promover el desarrollo en la BdP:

Crear poder de compra

De acuerdo con la Organización Internacional de Trabajo (2013), en el año 2013 cerca de 375 millones de trabajadores vivían con menos de US$1.25 al día. A pesar que en el 2000 esta cifra alcanzaba los 600 millones - significando una caída promedio del 12% anual- desafortunadamente, este progreso se ha estancado ya que -en ese mismo año- se operó una disminución de estos trabajadores de solo el 2.7% a nivel mundial.

El referido artículo indica que -para muchas personas- tener un trabajo informal en los países en vías de desarrollo representa la única forma de trabajo disponible para sobrevivir. En la mayoría de los casos, estos tipos de trabajos se caracterizan por tener bajos ingresos, poca seguridad laboral, pobres condiciones de trabajo y una pequeña o ninguna protección social.

Con respecto a este tema, Prahalad y Hart (2002) establecen que resulta determinante proveer crédito e incrementar el potencial de ingresos a los más pobres y que –históricamente- el crédito comercial no ha sido accesible para este segmento poblacional. Además, sin garantías se hace prácticamente imposible solicitar créditos a bancos tradicionales, concluyendo que el crédito comercial se ha convertido en una de las piezas principales para formar una economía de mercado.

En el siguiente cuadro, Saavedra y Mokate (2006) proponen nuevos modos destinados a la creación de poder de compra en la BdP:

Cuadro 6. Crear poder de compra

Precio, Costo	Calidad
Desarrollo de Productos	No se trata de productos baratos, sino de buenos productos a bajo costo.
Manufactura	Nuevas formas de entrega.
Distribución	Creación de productos para condiciones difíciles.
Uso más intensivo de mano de obra.	Tecnología apropiada.

Sostenibilidad	Rentabilidad
Reducción en el uso intensivo de recursos naturales.	Intensidad de la inversión.
Uso más intensivo de mano de obra.	Margen.
Reciclabilidad.	Volumen.
Energía renovable.	

Fuente: *Elaboración Propia, en base a Oportunidades para la mayoría. Disponible en el sitio web: http://slideplayer.es/slide/123627/# Recuperado el 29/10/2014*

Extender el crédito a los más pobres no representa una idea nueva. Sin embargo, esta acción permite construir –sistemáticamente- capital para realizar mayores y mejores compras de las que efectúan en la actualidad. En este sentido, se puede considerar el Grameen Bank en Bangladesh, uno de los primeros bancos en utilizar un modelo de micro-préstamos para los pobres, donde no resulta necesario contar con una garantía para obtener un crédito. Su fundador -el profesor Muhammad Yunus[v]- expresa que los pobres cuentan con destrezas para realizar trabajos remunerados, aunque la dificultad yace en tener acceso al dinero con el objeto de transformar dicha destreza en ingresos. Por consiguiente, el dinero puede resolver el problema. Sugiere que el banco se dedica a atender a personas en situaciones límites de pobreza y que esta condición se determina por el nivel de ingreso que poseen. Finalmente, critica a los bancos comunes por tener como requisito las garantías solicitadas, dejando –a los más necesitados- fuera de las condiciones como para ser elegibles para el otorgamiento de créditos.

Adecuar las aspiraciones

En este aspecto, Prahalad y Hart (2002) explican que la creación de productos sostenibles orientados al nivel 4, combinado con un buen adiestramiento de consumo, favorecería las opciones de compra de estas personas. Por ejemplo, Hindustan Lever Ltd. (HLL) -una subsidiaria de la empresa inglesa Unilever PLC- era considerada la mejor compañía en la India. Desarrolló un sistema totalmente diferente de enfriamiento que le permite movilizar helados -a lo largo de todo el país- en camiones no refrigerados, causando —además- la disminución del uso de la electricidad. A su vez, este sistema brinda la ventaja de ser mucho menos costoso para su construcción y utilización.

Asimismo, destacan que el agua, la refrigeración, la electricidad y otros servicios básicos representan oportunidades en países en vías de desarrollo.

Otro ejemplo visible está representado por el Fondo de Luz Solar Eléctrica (SELF, por sus siglas en inglés). Esta organización no gubernamental estadounidense adecuó ingeniosamente la tecnología y aplicó el microcrédito, haciendo posible el financiamiento del servicio eléctrico a los lugares más remotos en África y Asia, donde las personas queman maderas, velas y hasta estiércol para iluminación o utilización en la cocina. El éxito de SELF radica en crear energía a través de recursos renovables que -combinado con pequeños préstamos- ofrece, a los más pobres, la oportunidad de operar estos sistemas por ellos mismos, mientras que al mismo tiempo se generan empleos para la comunidad.

Mejorar el acceso
Con respecto a esta posibilidad, Prahalad y Hart (2002) plantean que —a menudo- los más pobres del mundo están apartados física y económicamente. Por lo tanto, una mejoría en los métodos de comunicación y distribución, deviene fundamental para el desarrollo y avance de la BdP. A continuación, se presentan algunos casos que exponen estos autores:
- Arvind Mills, en la India, era la 5ta compañía más grande en manufactura de jeans y había diseñado un método distinto para la entrega a los más pobres. Llevaron el precio promedio de US $40.00 a US $6.00 por un par de jeans. El concepto era vender un pequeño paquete, listo para armar, con los componentes de los jeans (tela, cierre, remaches y parche) a un precio final de US$6.00. Estos pequeños paquetes eran distribuidos por sastres locales, lo que facilitaba el alcance a villas pequeñas y lejanas, dando -como resultado- una extensa comercialización de nuevo este concepto.
- Otras compañías como CorDECT -en la India- y Celnicos Comunicaciones -en Latinoamérica- han desarrollado modelos de negocios adaptados a la BdP. Han creado puestos de Internet, infraestructura inalámbrica y tecnologías que han permitido la reducción notable de los costos de conexión con el resto del mundo. Por ejemplo, las conexiones de datos le cuestan a CorDECT entre

US$850.00 y US$2,800.00 en los mercados del primer mundo, mientras que -en los países de más pobreza- se han logrado disminuciones de US$400.00. Esto ha permitido que el nivel 4 alcanzara la conectividad virtual con los países desarrollados.

De acuerdo con los casos antes citados, los autores explican que el hecho de llevar la tecnología a los pobres abre las puertas a posibilidades como la educación y la medicina virtual, la micro banca y el monitoreo del medioambiente. Todo esto da paso al crecimiento económico, a los micro-emprendimientos y al acceso a los mercados globales.

Adaptación de soluciones locales
Prahalad y Hart (2002) manifiestan que si las grandes multinacionales desean prosperar deben expandir su base económica y compartirla más extensamente. De este modo, no pueden limitarse –solamente- a fabricar productos dirigidos al nivel 1 de la pirámide. Por eso, resulta importante que desempeñen el papel de reducir la brecha entre ricos y pobres, creando riqueza en los niveles más bajos de la pirámide. En general, esto sugiere producir en ese mercado y no extraer el capital del mismo.
Resaltan que el mejor acercamiento de las corporaciones internacionales resulta en combinar el conocimiento de mercado y las capacidades locales con prácticas de negocios globales. Insisten en que -ya sea que se trate de una empresa que ingresa al segmento de los más pobres o un pequeño emprendedor proveniente del nivel 4- la idea central para la adaptación de soluciones locales permanece igual: los nuevos modelos de negocios no deben variar los estilos de vida y las culturas de la gente local, sino lograr una mezcla efectiva entre el conocimiento local e internacional, evitando ser una copia de los modelos occidentales.
Con el fin de ejemplificar este enfoque, plantean el caso del empaque para detergentes. Los consumidores del nivel 1 cuentan con la posibilidad de adquirir paquetes más grandes ya que disponen del ingreso y el espacio para almacenar dichos empaques, dando como resultado la realización de compras menos frecuentes de este tipo. Por el contrario, los del nivel 4, no disponen de dinero y tienen un espacio limitado de almacenamiento, lo que provoca que sean compradores de todos los días, adquiriendo paquetes sencillos y de uso diario.
Como conclusión de este apartado, se observa que -a partir de las 4 estrategias que favorecen el desarrollo de la BdP: crear poder de compra, adecuar las aspiraciones, optimizar los accesos y adaptar soluciones locales- pueden -en forma interrelacionadas- servir para fomentar las economías locales de los mercados pobres a partir del crédito, de la identificación de oportunidades de negocio con servicios de primera necesidad, así como también, el logro de conexiones globales a nivel virtual. Por último, resulta

fundamental la adaptación de los productos y servicios de acuerdo con las necesidades de las personas más pobres, sin modificar sus culturas y costumbres.

En el siguiente cuadro se propone un resumen de las estrategias detalladas:

Cuadro 7. Desarrollar la BdP

Estrategias	Desarrollo
Crear poder de compra	Proveer crédito a los más pobres resulta fundamental para favorecer la economía en los mercados de la BdP, ya que el hecho de acercar un mayor capital en nuevos modos, favorece el comercio y aumenta los ingresos, pudiéndose lograr una mejor calidad de vida.
Adecuar las aspiraciones	La elaboración de productos -adaptados a los servicios básicos del nivel 4 y combinados con una buena educación para sus usos- resulta un gran beneficio para los más pobres.
Mejorar el acceso	Optimizar los canales de distribución y la comunicación a través de la tecnología, brinda la oportunidad de desarrollo en diversos sectores y conexiones virtuales con los mercados mundiales.
Adaptación de soluciones locales	A los fines de crear capital en los segmentos más pobres, resulta necesario combinar modelos de negocio de alcance global con los conocimientos y destrezas locales, sin sacrificar las costumbres y estilos de vida que tenga el nivel 4, en particular.

Fuente: Elaboración Propia

2.6. El MM como negocio inclusivo

A lo largo de este trabajo, se ha descripto la gran oportunidad que representa el MM para cualquier tipo de persona -sin importar su perfil- así como también, el potencial de la BdP como mercado de consumo activo y motor para el desarrollo económico.

En esta sección, se profundizará en el MM a fin de incorporar -a la población perteneciente a la BdP- dentro de la cadena de valor de las grandes organizaciones. Más precisamente, incorporarlos no solo como consumidores, sino –además- como población emprendedora, proveyéndolos de los recursos y conocimientos determinantes para el desarrollo de proyectos, un concepto mejor conocido como negocios inclusivos.

Se ha planteado que el hecho de encarar negocios en la BdP se refiere a que las organizaciones multinacionales cuentan con la oportunidad de generar valor para los pobres, mientras logran rentabilidad. En este sentido, Melo Velasco (2010) explica que este concepto es encarado por muchas empresas privadas a los efectos de promover el desarrollo y la colaboración internacional, ofreciendo una forma de salir del estado de pobreza y permitiendo -al segmento de la población de más bajos ingresos- ser incluido dentro del sector empresarial a los fines de fomentar temas de desarrollo social y económico. Sugiere que la idea de los negocios inclusivos representa una actividad que ha sido puesta en acción por organizaciones de diferentes tamaños en países del tercer mundo con altos índices de pobreza a nivel global.

Dentro de los negocios inclusivos, el emprendimiento, cumple un papel protagónico, el cual desde la óptica de la BdP, puede ser llevado a cabo tanto por la identificación de alguna oportunidad, como también, por un mecanismo de subsistencia debido a la necesidad. Así, Cervilla y Puente (2013) consideran que el emprendimiento implica el proceso que ejecuta una persona por los siguientes motivos: a) crear un producto o servicio con el fin de agregar valor al mercado, empleando los recursos económicos y de tiempo correspondientes, b) tomar en cuenta los desafíos monetarios, sociales y emocionales relacionados y c) obtener un beneficio financiero, libertad y autorrealización.

Asimismo, toda persona con espíritu emprendedor que –constantemente- se encuentre ante el interrogante de cómo encontrar formas innovadoras de construir nuevos negocios, crear valor o impulsar el desarrollo de alguna empresa, deviene fundamental que disponga de un apropiado modelo de negocios.

De acuerdo con Osterwalder y Pigneur (2010), estos modelos representan la coherencia de cómo las empresas crean y transmiten valor, el que se crea por una mezcla de habilidades y capital. Explican que pueden ser mejor descritos en nueve bloques, que muestran el razonamiento de cómo las organizaciones planean generar sus ingresos, a saber: 1) definir el mercado, 2) ofrecer un valor, 3) desarrollar canales de distribución, 4) efectuar el relacionamiento con clientes, 5) generar ingresos, 6) manejar los recursos, 7) disponer las actividades fundamentales, 8) generar las asociaciones que impulsen la conquista del mercado y 9) plantear una apropiada organización de los costos y gastos del emprendimiento.

Complementando lo anterior, Cervilla y Puente (2013) lo definen como la reunión de variables económicas y estratégicas que facilitan desarrollar ventajas competitivas orientadas a mercados determinados.

Con el fin de llevar a cabo un plan de negocios, las empresas deben realizar análisis detallados del sector industrial en donde operan. Al respecto, Porter (2008) propone la utilización de su modelo de las cinco fuerzas competitivas, el que puede ser apreciado en la siguiente gráfica:

Gráfico 6 – Las cinco fuerzas competitivas de M. Porter

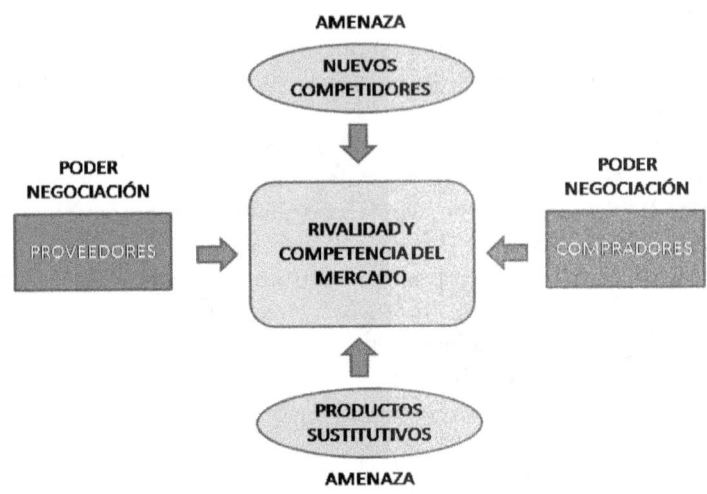

*Fuente: Porter (2008). Recuperado
dehttp://www.youtube.com/watch?v=mYF2_FBCvXw&feature=player_embedded, el
22/11/2014*

El referido autor explica que las disciplinas básicas en el proceso de formulación de una estrategia, de acuerdo con las cinco fuerzas, resultan de analizar la industria y sus cambios, y de tener un conocimiento preciso de la naturaleza y variables fundamentales del ambiente competitivo. Agrega que la clave se encuentra en identificar cómo la estructura del mercado produce cambios, a partir del conocimiento que se cuenta sobre los avances de los proveedores, compradores, productos sustitutos y nuevos competidores. Concluye que utilizar estas fuerzas ayuda al posicionamiento rentable de las empresas dentro de la industria en la que compiten.

Por otro lado, un factor importante cuando se llevan a cabo los negocios inclusivos se refiere a lograr innovar en las formas de administración en que las empresas se desenvuelven. El gerenciamiento permite combinar los recursos, elaborar procedimientos de trabajo y promover el esfuerzo colectivo orientado a los objetivos de las organizaciones. De acuerdo con Hamel (2011), las empresas actuales se han manejado -por casi un siglo- con los mismos principios de administración propuestos por ex CEOs, gurús y diferentes pensadores del management. Por lo tanto, considera que el futuro del gerenciamiento debe ser cambiado debido a los siguientes tres grandes retos que deben ser considerados:

1. La actual generación es la primera que debe enfrentarse a un ritmo de cambio veloz. Las grandes organizaciones se exponen a nuevos escenarios que provienen de hechos tales como el incremental almacenamiento de datos, las crecientes conexiones a Internet y el gran número de artefactos telefónicos conectados.
2. Se da una híper competencia en la que las compañías luchan por defender los márgenes y el posicionamiento en el mercado. La clave para lograr resultados en esta batalla proviene de la innovación.
3. Se deben crear nuevos conocimientos en manera rápida ya que a las empresas les resulta cada vez más difícil llevar sus productos al mercado y los beneficios del conocimiento se disipan velozmente. Por ende, administrar las operaciones en modo similar no plantea ventajas entre las empresas.

Concluye que las compañías que logren prosperar durante la próxima década sobre estos desafíos son las que obtendrán avances en sus modelos de administración más rápido que sus competidores. La adaptabilidad y la innovación las harán más atractivas como lugares para trabajar. A raíz de lo cual, se observa que la BdP y los negocios inclusivos requerirán de nuevos modos de administración si es que se pretende producir la transformación deseada.

A partir de lo expuesto, resulta posible concluir que el MM puede ser considerado un negocio inclusivo que representa una gran oportunidad para el mercado de los pobres. De este modo, Melo Velasco (2010) indica que deviene posible introducir el MM en la BdP, alcanzándolo en diferentes puntos de la cadena de valor empresarial:

- Proveedor: el negocio se suministra con productos provenientes de pequeños empresarios.
- Distribuidor: Se configura una red de asociados independientes, los que son apoyados por la sede de la empresa.
- Cliente: se brindan productos y servicios de calidad, asequibles y atractivos para la BdP.
- Socio: Tener un negocio inclusivo ofrece ventajas, tanto para las personas de bajos recursos económicos como para la empresa.

A modo de resumen, en este apartado se ha planteado que los negocios inclusivos representan una oportunidad para generar valor en los mercados mundiales de más pobreza. Al considerarlos no solo consumidores, sino –además- personas emprendedoras, los pobres deben disponer de un modelo de negocios que les ayude a combinar sus capacidades con cierto capital económico. Dicho modelo de negocios debe ser formulado en base a un análisis de la industria utilizando herramientas tales como las 5 fuerzas competitivas de M. Porter, las que dan forma a una estrategia.

Asimismo, resulta imprescindible la implementación de nuevas formas de administración que involucren flexibilidad a los cambios, sean creativas e impulsen –en nuevas maneras- el trabajo de las personas.

A partir del análisis realizado, se considera que el MM puede representar una excelente oportunidad como negocio inclusivo con el fin de producir cambios en el estilo de vida de las personas que se encuentran en extrema condición de pobreza.

A continuación y como síntesis, se presentan los principales conceptos expuestos en este apartado:

Cuadro 8: El MM como negocio inclusivo

Concepto	Desarrollo
Negocios inclusivos	Iniciativa empresarial que permite a las personas de la BdP ser incluidas en la cadena de valor de las empresas, mientras que se mantiene el objetivo de generar ganancias y superar la pobreza bajo una relación "ganar-ganar".
Emprendimiento	Capacidad de identificar una oportunidad y estar consciente de las incertidumbres existentes. El objetivo radica en generar nuevos mercados a través del diseño o creación de algo nuevo que genere valor para el mercado.
Modelo de negocios	Forma en que las empresas capturan valor por medio de la innovación y el uso de recursos y capacidades.
Las 5 Fuerzas competitivas de M. Porter (dan forma a la estrategia).	• Poder de negociación de los proveedores. • Poder de negociación de los compradores. • Amenaza de nuevos competidores. • Poder de los productos sustitutos. • Rivalidad competitiva en el sector industrial.
Los desafíos del gerenciamiento.	• Adaptación rápida a los cambios. • Lograr diferenciación a través de la innovación. • Crear un ambiente atractivo dentro de las empresas para que las personas estén dispuestas a brindar –con pasión- su talento y creatividad.

Fuente: Elaboración Propia.

2.7 Conclusiones

El MM propone un negocio que se basa en la venta directa, aunque -al mismo tiempo- posee la característica de brindar un método de generación de ingresos para sus distribuidores, de acuerdo con las ganancias fraccionarias que se generan en los diferentes niveles de una red. Esto se debe a la incorporación y crecimiento -dentro de una organización- de individuos que se dedican a efectuar la comercialización de productos y el patrocinio de personas.

Existen diferentes prácticas -consideradas las bases de todo negocio multinivel- que permiten llevarlo a cabo con éxito. Desde la utilización del producto -con el fin de obtener resultados y recomendar dichos beneficios para generar ventas- hasta la formación de equipos de trabajo, donde se transmiten sus dos actividades fundamentales: vender y reclutar. Adicionalmente, existen ciertas disciplinas que los asociados independientes deben adoptar, que incluyen la inversión de tiempo en el desarrollo personal a través de la lectura y audios, la disposición de un pequeño inventario y la elección de una persona que sirva como guía para el desarrollo del negocio.

Cabe destacar que este tipo de negocio cuenta con diversas ventajas: a) se caracteriza por tener muy bajos costos de comercialización y establecer relaciones humanas de largo plazo y b) enseñar prácticas y valores empresariales a cualquier persona dispuesta a aprender.

De la misma manera, existen ciertas desventajas en la actividad: a) estar abierto a aceptar cualquier persona que desee iniciarse en el negocio, dando lugar a incluir a aquellas con intereses no éticos y engañosos, b) representa un reto entrenar a los nuevos distribuidores sin poder evitar que un porcentaje de los mismos no alcancen sus objetivos y c) en la actualidad, se sigue confundiendo el MM como un sistema ilegal piramidal.

A su vez, la BdP la componen más de 4 mil millones de habitantes que logran subsistir con un ingreso mínimo al día. Dentro de la pirámide de ingresos de la población mundial, forman el nivel 4, el más bajo de todos. Las grandes organizaciones multinacionales deberían observar -a este mercado- con una óptica diferente y más abierta de manera de poder aprovechar la gran oportunidad de crecimiento que representa este segmento para el desarrollo económico global.

Se ha remarcado la existencia de cuatro estrategias que benefician al progreso de la BdP -establecer poder de compra, adaptar las aspiraciones, mejorar los accesos y adecuar soluciones a nivel local- las que, combinadas, pueden ayudar a los sistemas económicos locales en los segmentos más pobres por medio del acceso al crédito, la creación de negocios a partir de los servicios básicos y, gracias a Internet, la conectividad a nivel mundial. Por último, resulta imprescindible la adaptación de los productos según las necesidades de este segmento de mercado.

Se enfatiza que los negocios dirigidos a la BdP constituyen una oportunidad a los efectos de crear valor en las áreas más pobres alrededor del mundo. Este mercado, debe ser visto no solo como cliente, sino como personas con iniciativas de negocios, que -con el correcto modelo de negocios- podrían utilizar al máximo sus habilidades, combinándolas con capital.

A su vez, los modelos de negocios de las empresas se fundamentan en el análisis de las cinco fuerzas competitivas, las que representan el input para la construcción de estrategias efectivas. Estos modelos no podrán ser eficaces si nuevas prácticas de gerenciamiento no se establecen, tomando en cuenta la adaptación rápida a los cambios, la disposición de ideas innovadoras y la generación de un buen ambiente de trabajo dentro del negocio. Es por ello, que el MM podría representar una gran oportunidad como negocio dirigido a la BdP con el fin de ayudarlos a salir del estado de pobreza y permitirles disfrutar de una mejor calidad de vida.

A lo largo del Marco Teórico, fueron descritas las características del MM y la oportunidad de negocios que representa para un mercado tan grande y desatendido como lo es la BdP. Se han descrito los principios teóricos que dan apoyo a este trabajo de investigación.

En el próximo capítulo, Marco Investigativo, se ofrece un trabajo de campo que permitirá fundamentar, empíricamente, el tema bajo estudio.

CAPÍTULO 3
MARCO INVESTIGATIVO

En este Capítulo se presenta el trabajo de campo que brinda sustento empírico al presente estudio. En el mismo, verifican los temas fundamentales tratados en el Marco Teórico, así como también, se brinda soporte a los objetivos e hipótesis planteados.

Se han utilizado tres técnicas de recolección de datos de campo: 1) encuestas a asociados independientes, 2) entrevistas con informantes-clave, expertos en el tema bajo investigación y 3) observaciones directas sobre la operatoria del MM.

El objetivo principal se orientó al análisis del MM como un sistema de negocios orientado a la BdP. .

3.1 Encuesta a asociados independientes

Características de la muestra

Con el fin de contar con un mejor entendimiento en cuanto a la percepción que tenían las personas que ejercían este tipo de sistema de comercialización, fue diseñado un cuestionario compuesto por 16 preguntas de las cuales 2 fueron abiertas y 14 cerradas (Ver Anexo I, Formulario de encuesta a asociados independientes). El mismo fue dirigido a 100 personas de ambos sexos, vía mail, los cuales fueron elegidos aleatoriamente, dentro de diferentes compañías de MM. A partir de las 30 respuestas obtenidas, se constituyó una muestra intencional y disponible. El objetivo principal se basó en realizar un análisis de las razones que impulsaban a las personas de muy bajos ingresos a iniciar un negocio multinivel y ahondar en sus puntos de vista acerca de este tipo de actividad.

A los participantes se les preguntaron cosas tales como edad, género, nivel académico, ocupación y medio por el cual se enteraron de la oportunidad de negocio, entre otras.

Resultados de las encuestas

A continuación y en los siguientes cuadros, se muestran las respuestas obtenidas de los 30 casos que han constituido la muestra analizada:

Cuadro 9: Resultados de las encuestas – Sexo

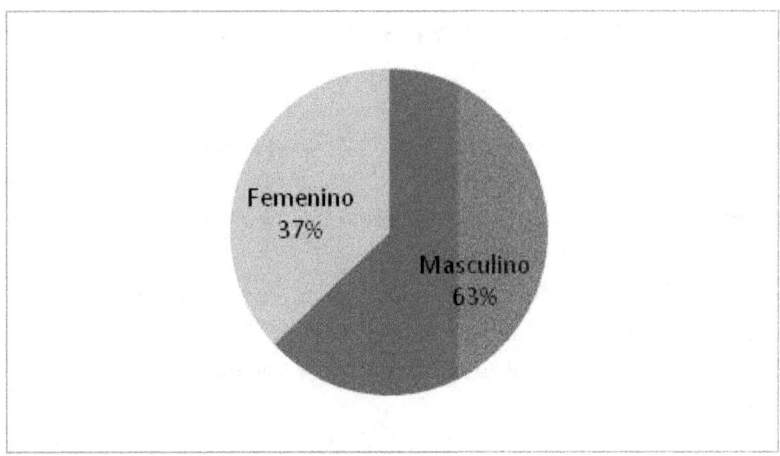

Fuente: Elaboración Propia.

Cuadro 9a: Resultados de las encuestas – Edad

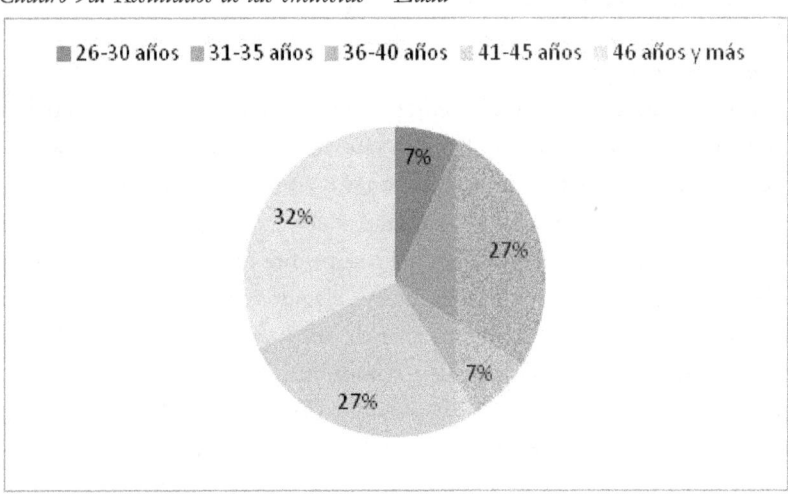

Fuente: Elaboración Propia.

Cuadro 9b: Resultados de las encuestas – Nivel de educación

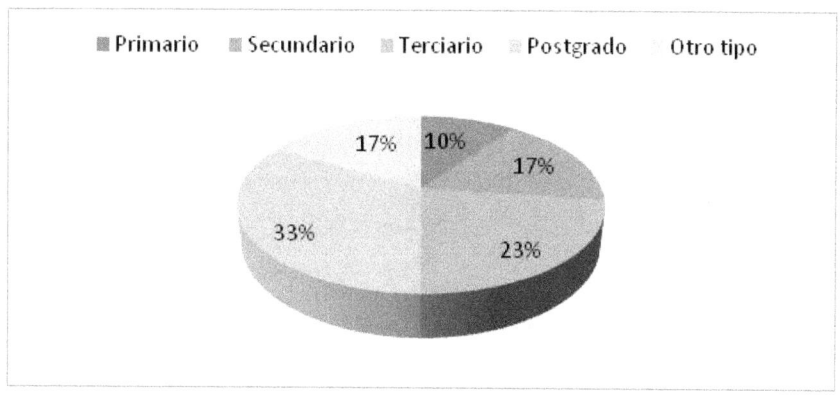

Fuente: Elaboración Propia.

Cuadro 9c: Resultados de las encuestas – ¿Cómo se enteró de este negocio?

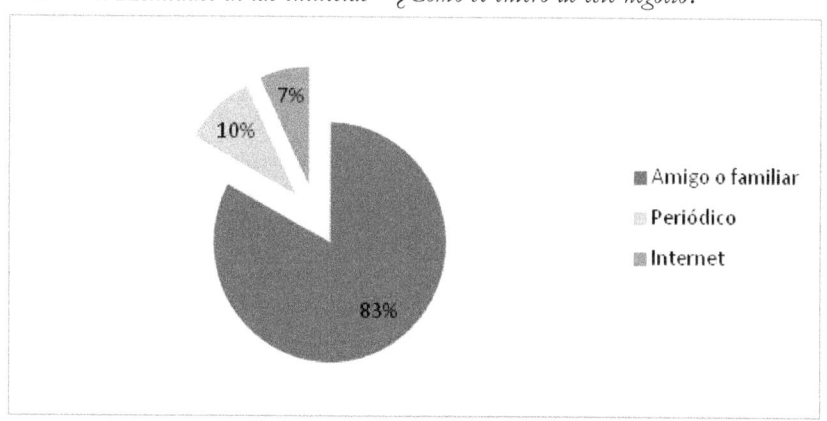

Fuente: Elaboración Propia.

Cuadro 9d: Resultados de las encuestas – Motivos para iniciarse

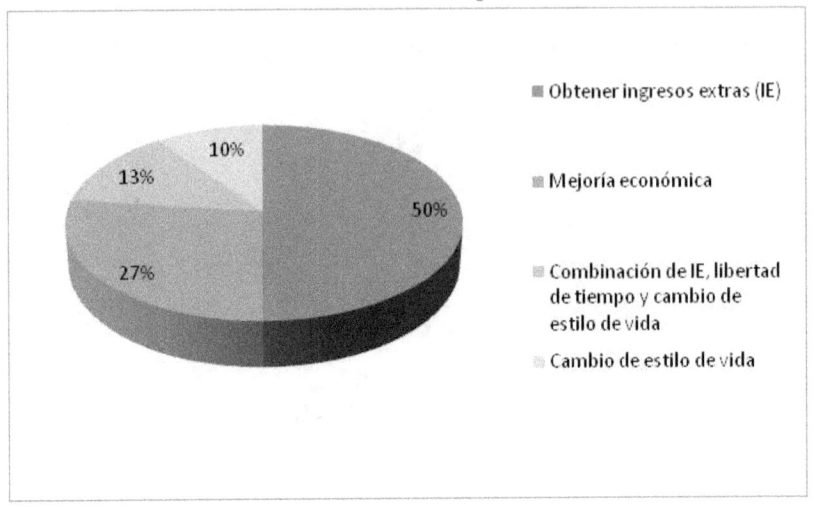

Fuente: Elaboración Propia.

Cuadro 9e: Resultados de las encuestas – Trabajo anterior antes del MM

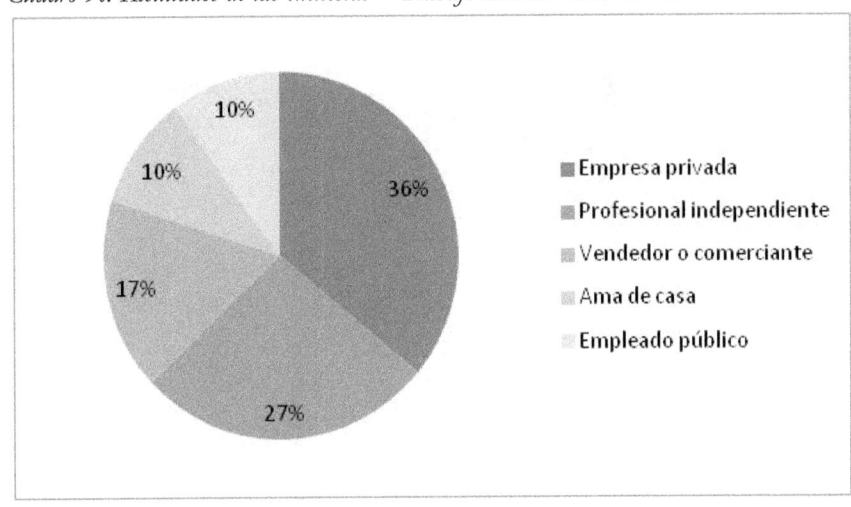

Fuente: Elaboración Propia.

Cuadro 9f: Resultados de las encuestas – Antigüedad en el empleo anterior

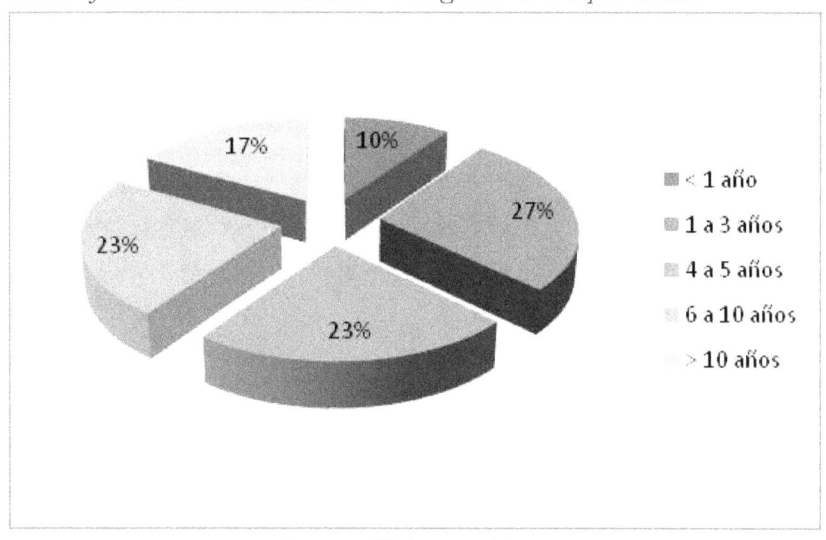

Fuente: Elaboración Propia.

Cuadro 9g: Resultados de las encuestas – Modo en que se dedicaba al MM

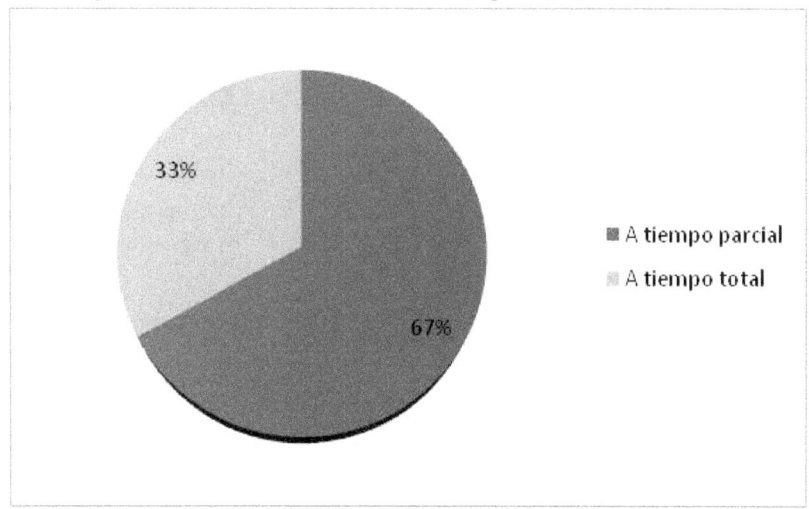

Fuente: Elaboración Propia.

Cuadro 9h: Resultados de las encuestas – Ingresos mensuales con MM

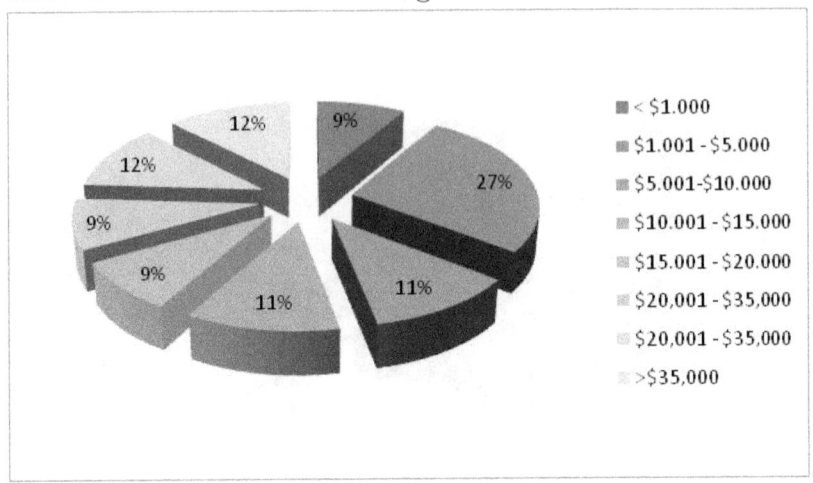

Fuente: Elaboración Propia.

Cuadro 9i: Resultados de las encuestas – Factores de progreso de los asociados

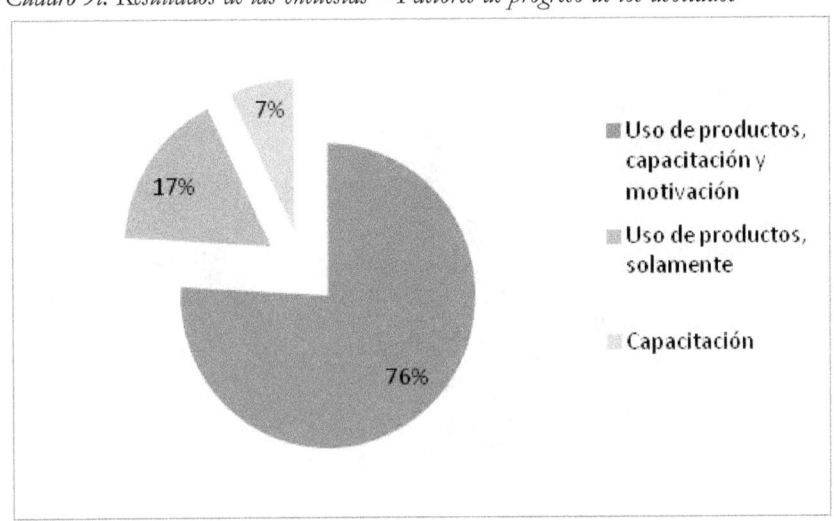

Fuente: Elaboración Propia.

Cuadro 9j: Resultados de las encuestas – *¿Por qué existían personas que no permanecían en el negocio?*

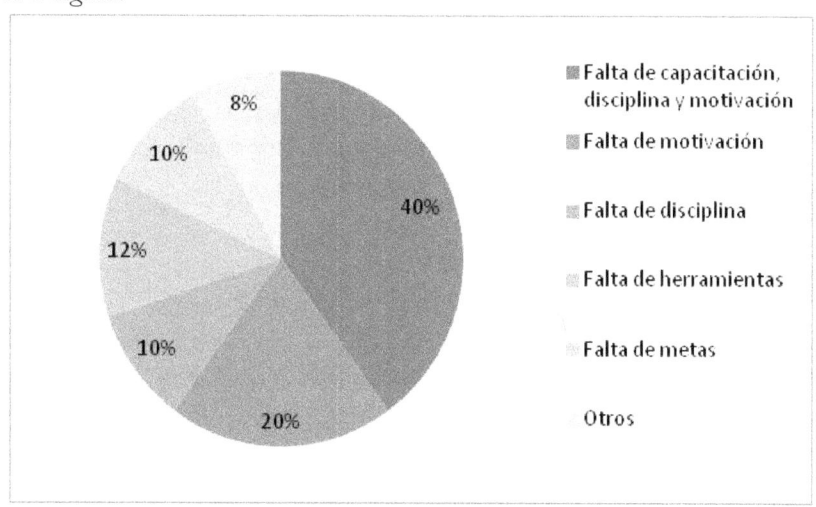

Fuente: Elaboración Propia.

Cuadro 9k: Resultados de las encuestas – *Experiencia general con el MM*

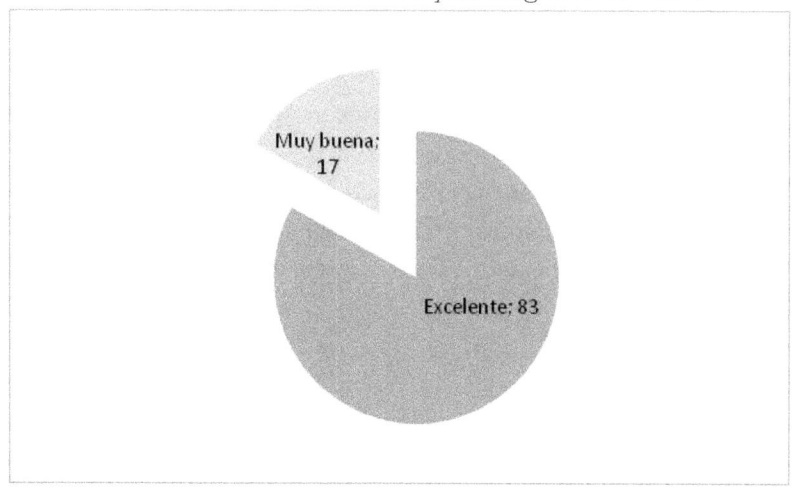

Fuente: Elaboración Propia.

En mayor detalle, las siguientes ideas fueron expresadas por varios de los encuestados con relación a:

Razones por las cuales es mejor ser asociado independiente que empleado
- La persona comienza a descubrir su potencial y habilidades. Una vez que esto ocurre, contribuye a la superación personal y al logro de metas.
- El manejo del tiempo e ingresos crecientes según la capacitación y el esfuerzo. Además, tener la oportunidad de rodearse de gente positiva que quiere crecer y mejorar.
- El multinivel permite el crecimiento económico y los ingresos residuales a futuro sin tener jefes, socios o empleados. O sea, sin el riesgo que un jefe pueda provocar maltratos y/o despidos, los socios estafar o los empleados robar y/o interponer demandas.
- En el multinivel no hay límites al crecimiento, la persona puede llegar hasta donde quiera, por supuesto con tiempo y esfuerzo.

La oportunidad de un negocio multinivel para personas de ingresos muy bajos
- No hay nada mejor que tener un negocio propio que se construya lentamente y se vaya consolidando con los aprendizajes, que van siempre detrás del entusiasmo generado a medida que se crece. Esto se enfatiza debido a que no resulta necesario contar con conocimientos previos.
- Todo lo que sucede en esta experiencia comercial es ganancia de confianza, autoestima, crecimiento personal y habilidades de negocios.
- Representa una posibilidad para que las personas salgan del mercado tradicional si tienen un sueldo bajo, brindando la oportunidad de no crecer solo económicamente, sino a través de la capacitación y el desarrollo de habilidades que sirven tanto para la actividad multinivel como para la vida, en general.
- Permite comenzar con muy baja inversión, ofreciendo la capacitación necesaria para aprender las destrezas que requiere un negocio independiente. Además, se puede adquirir una educación de liderazgo que puede ir más allá de lo que requiere un negocio y que influirá –positivamente- en la vida y en el entorno de las personas.

En esta sección del estudio, se ha aplicado un cuestionario a distintas personas de ambos sexos, donde se pudo notar que -en edades muy variadas y con todo tipo de nivel de educación- contaban con la posibilidad de ejercer este tipo de actividad.

Por otro lado, la mayor fuente de contacto y más efectiva era el boca a boca con un 83% y, a su vez, se observó que el 100% de los encuestados han sido empleados. También, el 100% consideraba que era mejor opción ser asociado independiente que empleado.

De acuerdo con lo apuntado por los encuestados en esta técnica de recolección de datos, la falta de capacitación, disciplina y motivación se presentaban como los factores más relevantes que influían a que las personas no permanecieran en este tipo de sistemas. A los fines que las personas se mantuvieran en esta actividad, no tenía que ver directamente con el modelo de negocio, sino que se conectaba con contar o desarrollar la visión a largo plazo. O sea, que debían ser conscientes de la necesidad de construir una red, entender que era un proceso que llevaba tiempo y que dependía –fundamentalmente- de cómo la persona se iba desarrollando y creciendo como empresario independiente.

Finalmente, un 83% ha considerado que el MM representaba una excelente oportunidad para personas de muy bajos ingresos.

3.2 Entrevistas con informantes-clave

El presente apartado cuenta con el propósito de profundizar el conocimiento al respecto del MM a partir de la experiencia de profesionales y especialistas en este tipo de sistemas de comercialización. Sus puntos de vista y experiencias servirán a los efectos de destacar las características del mercadeo en red como una oportunidad igualitaria para todo tipo de personas.

Se realizaron tres entrevistas en profundidad, dos en la ciudad de Buenos Aires y una en Santo Domingo, República Dominicana. Cada una de las personas entrevistadas poseía una sólida experiencia y conocimientos en el tema bajo investigación. En el Anexo II, Guía de entrevistas con informantes-clave, se presentan detalles de los especialistas entrevistados y las preguntas semi-estructuradas que se les han realizado.

En los siguientes párrafos se muestran los principales elementos que han surgido de estas entrevistas.

Algunos especialistas destacaron que el MM generaba –básicamente- oportunidades igualitarias para todos los niveles y estratos sociales, lo que - independientemente del nivel o grado de educación del prospecto- resultaba una oportunidad común y para gente común, que pretendiera el logro de resultados extraordinarios[vi]. Insistieron en que se enfocaba al crecimiento de la persona, su motivación, a descubrir sus pasiones y sus sueños, siempre y cuando el prospecto estuviera dispuesto a hacer cambios personales importantes. Coincidieron en que -en las actuales economías de mercado- no existían muchos sistemas que apuntaran a la dignidad del hombre.

Otro de los profesionales entrevistados, consideró que el mercadeo en red puede verse desde dos puntos de vista, el corporativo y el educativo. Explicó que las compañías de multinivel brindaban –en muchos países- plataformas para apoyarse en ellas y poder construir redes tan grandes como se deseara. En términos de negocio ofrecía las siguientes ventajas:

- Está basado en cosas tan sencillas como el consumo. Los productos que se utilizan constantemente, se reponen mensualmente y gracias a esta reposición el sistema se mantiene en una continuidad.
- El distribuidor potencia su negocio en base a líderes y a empresarios, no en base a empleados.
- Se cuenta con la oportunidad de auspiciar a personas mucho mejor que uno mismo - tanto en actitudes como en comportamientos- lo cual resulta un capital que permanece dentro de la red y potencia el negocio de una manera en que se crea una relación "ganar-ganar".

Asimismo y como sistema educativo, indicó que todo lo que se tiene se debe a lo que uno tiene en su mente, insistiendo que este negocio se conecta con las relaciones que puedan generarse. Por ende, el individuo debe prepararse como persona con el fin de desarrollar empatía con los individuos que pretenda auspiciar.

Insistió que el sistema educativo ayudaba a equilibrar la personalidad. O sea, si se tiene un ego muy alto, lo disminuye, al igual que si se tiene baja autoestima contribuye a aumentarla. De este modo, enseña a creer en uno mismo, y a conocer y trabajar en base a valores. A su vez, permite reconocer las fortalezas y valores en otras personas, contribuyendo a que siempre exista alguien en la red con quién identificarse.

Con el objeto de probar que el sistema multinivel representaba una oportunidad para todo el mundo, los profesionales entrevistados destacaron que -en este tipo de negocios- era premiado el esfuerzo y el trabajo a través de la comercialización. Por comenzar todos en el mismo lugar, existía igualdad de oportunidades a los efectos de llegar tan lejos como cada uno quisiera. Sin embargo, esto dependía de cuán dispuestos estuvieran los prospectos de recibir capacitación y pertenecer a un sistema que les pudiera guiar y orientar a tener un objetivo de trabajo.

Por otro lado, sostuvieron que había evidencias en todo el mundo -de todo tipo de personas y de diferentes clases sociales, ingresos, idiomas y culturas- que han demostrado que el network marketing funciona, por ejemplo, gracias a su accesibilidad, ya que con lo que se adquiría una licencia de distribución no era posible la iniciación de un negocio de los más sencillos y –menos- honrosos.

A continuación se exponen 3 ejemplos expuestos por cada especialista en donde describen historias de éxito de personas en el MM que han salido de lugares muy humildes y han logrado objetivos extraordinarios.

- Caso 1. Forever Living Products

Uno de los especialistas expuso el caso de una persona[vii]. la cual se escapó de su país, proveniente de África, por persecuciones políticas. En su nuevo país, sin recursos, vivía dentro de un ropero y se le presentó la oportunidad del MM. En ese nuevo país, inició el proyecto y resolvió vender el viejo ropero que tenía a los fines de poder adquirir sus primeros productos y -a partir de allí- comenzar a desarrollar el sistema. Obviamente, la persona que lo invitó a desarrollar esta actividad lo fue capacitando para que se pudiera enriquecer en su crecimiento personal, transformándolo de un trabajador a un líder de una estructura de multinivel.

Dicha persona, luego de llegar al éxito dentro de la actividad, consideró que en su país natal se merecían esta oportunidad, por lo que -al disponer de las herramientas necesarias para lograr el éxito desde la nada- quiso compartirla con todas las personas que conocía.

- Caso 2. AMWAY

El profesional entrevistado en esta compañía se refirió a Iván y Millie Morales, puertorriqueños, dedicados a la peluquería, pero atravesando un período difícil en sus profesiones. Constituían una pareja con 3 hijos, donde ella estaba padeciendo de un cáncer terminal y no disponían de los recursos para hacer frente a dicha situación. Las condiciones y la falta de ingresos, los hizo declararse en banca rota según el capítulo 7 de la ley de quiebra de los Estados Unidos. En ese momento, un conocido les comentó sobre esta oportunidad de negocio, por lo que deciden inmediatamente empezar a desarrollarla de manera constante y sistematizada, y siguiendo las instrucciones de su patrocinador, la persona que los invitó a la actividad.

Fueron tantas sus ganas de salir de la situación por la cual estaban atravesando como pareja y familia que -al cabo de dos años y luego de haberse capacitado a través de entrenamientos presenciales, lecturas de libros, audios de superación personal y estrategia de negocios- lograron uno de los niveles más deseados dentro del negocio (diamante). Gracias a esto, lograron saldar sus deudas y -si bien ambos a la fecha han fallecido- sus tres hijos viven gracias a los ingresos residuales que fueron construyendo a lo largo de su tiempo en el negocio.

- **Caso 3. *HERBALIFE***

Este informante-clave nos comentó sobre Otilia Caballero, una mexicana que vivía en una choza y no sabía leer ni escribir. Trabajaba 18 horas al día preparando comida para los soldados del ejército de su país. Ganaba tan poco, que trataba de suplementar su bajísimo ingreso haciendo y vendiendo bordados en la plaza del pueblo, con lo que obtenía lo suficiente para alimentarse.

Agrega que una persona la convenció de ir a la ciudad de México a una reunión de oportunidad de Herbalife. De esa reunión salió tan inspirada que decidió iniciarse en el negocio. En sus principios, vendía en distintos pueblos, descalza y valiéndose de un burro para llevar los productos, lo que le tomaba días llegar a su destino. Siendo analfabeta, estaba entusiasmada por tener un ingreso extra.

Luego de un tiempo, otro distribuidor le explicó el negocio, donde la señora Otilia decidió que era la manera en que cambiaría su vida. Pasados los años y aún sin los conocimientos de lectura o escritura, Otilia adquirió una nueva camioneta 4x4 y pudo abrir su propia oficina en la ciudad de Oaxaca. Actualmente, Otilia se encuentra en uno de los niveles más altos como asociada de la compañía.

El especialista concluye expresando que esta persona es la prueba viviente que el sistema de mercadeo de Herbalife puede funcionar para cualquiera.

Los informantes-clave consultados coincidieron en el hecho que —aún partiéndose de no tener nada a nivel económico- resultaba posible apoyarse en un sistema que lo iría llevando a un desarrollo mayor, paso a paso. Además, indicaron que al iniciarse un negocio tradicional, se debía considerar el local, los empleados y los productos, entre otros factores, lo que representaba grandes inversiones y gastos. En el MM, ese problema no existía y la inversión inicial se podía recuperar en días, dependiendo del esfuerzo de cada uno.

Otros especialistas destacaron que -en este tipo de sistemas- las personas podían generar ingresos mientras se capacitaban, justo al contrario de cualquier otro sistema laboral profesional donde primero debía existir un período de capacitación para luego insertarse en el mercado.

Asimismo, resaltaron que no importaba de dónde proviniera la persona, lo importante era que pudiera comenzar a imaginar a dónde podía llegar y si pretendía que sus circunstancias cambiaran.

En conexión con el éxito de las personas más pobres en este tipo de mercados, todos los profesionales entrevistados conocían muchos casos de individuos de muy bajos recursos e inmigrantes que no contaban con ningún tipo de oportunidad de inserción laboral y que -a través de este sistema y oportunidad de negocio multinivel- habían logrado tener un trabajo y una forma de ingresos que les habían ayudado a vivir y a salir de asentamientos tipo villas de emergencia para acceder a una vivienda, a una vida digna y a una educación para sus hijos.

Explicaron que el proceso de ayuda -para las personas de bajo poder económico- se iniciaba elevando el nivel mental y de pensamiento a través de la educación, lo que ayudaba a que el individuo aprendiera a tomar decisiones y que se pudiera convertir en una persona entrenable, adquiriendo destrezas de parte de los asociados de más experiencia en el negocio.

A su vez, explicaron que -si una nueva persona no contaba con dinero- era totalmente válido que su patrocinador le pudiera suplir productos para que -de esas ventas- obtuviera el dinero de su membrecía[viii]. De este modo, se le enseñaba a tener lo que se conocía como capital semilla con el fin que desarrollara -de a poco- su negocio[ix]. El objetivo se conectaba con que –primero- la persona era la que aprendía y –luego- enseñaría a otros a hacerlo, tal como a él le sucediera. Todos los entrevistados enfatizaron el hecho que se debe enseñar con el ejemplo.

Dentro del ofrecimiento de oportunidad del multinivel, muchas veces existía la no aceptación entre las personas. Los profesionales informaron que la razón principal estaba relacionada directamente con que no todos conocían al respecto de la existencia de este tipo de sistema de comercialización, ya fuera porque era un concepto prácticamente nuevo o porque se relacionaba con un tema de penetración.

Asimismo, destacaron que resultaba fundamental que una persona estuviera abierta a escuchar de qué se trataba este tipo de negocios y —entonces- resultaba muy probable que fuera observado como una gran oportunidad. Cuando no existía una aceptación favorable, entendían que era un tema relacionado con cómo se le presentaba la oportunidad a las personas ya que —básicamente- allí radicaba lo fundamental de la decisión para iniciar este tipo de negocio.

Otros especialistas coincidieron en que la oportunidad se daba igual para todo el mundo, aunque no todos estaban preparados para verla. Se debía romper con muchos esquemas y paradigmas ya que la mayoría de las personas crecían con otro tipo de educación. Remarcaron que -para cualquier cosa diferente- tenía que haber un cambio de hábito y resultaba que la gente quería hacer este tipo de cambios mirando por "el espejo retrovisor" en lugar de ver lo que le esperaba, mirando por el "parabrisas". O sea, se concentraban en lo que se conocía -en la historia- lo que no estaba mal, aunque no parecía posible escribir el futuro de la misma manera[x].

Finalmente, se sugirió a los profesionales si deseaban recalcar algún dato que aportara a los sistemas de MM. Destacaron que la gran diferencia que distingue a los multiniveles de los sistemas piramidales, era que -en el mercadeo en red- se premia a las personas que hacen un esfuerzo adicional, que realizan el trabajo, que comercializan productos y -sobre todo- resaltaron que esto era un negocio de fomentar a personas la comercialización de productos y no de animar a las personas a que generen inversiones[xi]. Otro de los puntos que eran interesantes de conocer, se refirió a comprender qué tanto se preparaba a las personas para que desarrollasen la idea al momento de entrar a un multinivel y si existía algún sistema educativo que las orientara. Además, si disponía de un sistema y mentoría que los preparaba para presentar la oportunidad e irse desarrollando en el tiempo. Dentro de la presente investigación, se ha observado que las compañías de MM ofrecían -desde el inicio- una plataforma de apoyo constante para el desarrollo de sus asociados a través de capacitaciones por Internet, tanto en vivo y como con audios. Además, recibían entrenamiento de los líderes de la actividad, los cuales preparaban a los prospectos basados en sus propias experiencias a lo largo de sus carreras en el MM. Muchos de ellos, han servido de pilares y guías que resultaron en el crecimiento de los distribuidores, llevándolos -poco a poco- a profesionalizarse en la presentación de la oportunidad ante nuevos prospectos.

A modo de resumen, resulta posible observar que los tres especialistas entrevistados han coincidido en que el MM representaba una oportunidad para todos debido a que se ofrecía un apoyo constante -tanto a nivel educativo como empresarial- orientado al desarrollo y relacionamiento con las personas.

A su vez, se han mostrado bastantes evidencias que indican que personas de muy bajos ingresos podían alcanzar el éxito en este tipo de sistemas gracias al apoyo constante de aquellos que invitan a la actividad. Todo esto, en la medida en que los prospectos estuvieran dispuestos a darse la oportunidad de intentar algo diferente.

Finalmente, se destaca la gran diferencia existente entre el multinivel y los sistemas piramidales, y se resalta que la importancia de la aceptación de esta oportunidad recae mucho en la preparación de quien presenta el proyecto. Además, se citan tres casos de personas que -gracias al multinivel- pudieron salir de sus situaciones carenciales económicas, accediendo a un estilo de vida digno.

3.3 Observación de campo: Herbalife

Con el fin de contar con mayor información acerca de la presentación de un negocio multinivel frente a personas de muy bajos ingresos, hemos asistido a tres reuniones de oportunidad de la compañía multinacional Herbalife en Argentina. Con este método de observación directa, se pretendieron identificar las diferentes herramientas que eran utilizadas por los asociados independientes a los efectos de generar contactos, tanto con personas conocidas como con aquellas desconocidas.

Se ha prestado especial atención al análisis de los diferentes elementos planteados a los prospectos para el inicio de la actividad. De igual manera, se investigó sobre las diversas fuentes de apoyo y capacitación que ofrecía la firma a los asociados independientes.

Principales aspectos de la compañía
Se ha elegido a Herbalife por el fácil acceso que permite a la información, debido a ser una compañía pública que cotiza en la bolsa de valores de Nueva York desde Diciembre del 2004. Además, por su sólido crecimiento y presencia a nivel mundial.

Actualmente, sus productos se comercializan en más de 94 países y sus

ventas netas -para el año 2013- fueron de US $4.8 billones.
De acuerdo con la información suministrada por las personas que presentaron la oportunidad, se notan a continuación los puntos destacables de esta corporación:

- El negocio Herbalife: Herbalife International es una compañía global de network marketing fundada en 1980, que ofrece una serie de productos -basados en la ciencia- para el control de peso, suplementos nutricionales y productos de cuidado personal. Su intención es apoyar un estilo de vida saludable.
- Visión: Cambiar la vida de las personas.
- Misión: Ofrecer los mejores productos del mundo para una buena nutrición y bienestar, así como la mejor oportunidad de negocio en venta directa.
- Valores: Referidos a los productos y a los asociados independientes, socios, empleados y comunidades. Se enfatiza, además, el trabajo, la ética, la filosofía y la actitud.
- Usar, llevar y hablar: Esto es, usar los productos de una manera profesional y comprometida, llevar la marca de manera que los asociados puedan ser identificados por todo el público y hablar con la gente para compartir los resultados de los productos y del negocio.
- Responsabilidad Social: La compañía posee 4 campañas orientadas a este tema, estas son:
  - Fundación Familia Herbalife – a través de su programa Casa Herbalife, se dedica a brindar fondos orientados a mejorar la nutrición de niños que se encuentran riesgo de salud alrededor del mundo. Adicionalmente brinda apoyo en situaciones de desastres naturales.
  - Futuro Fortalecido GAIN – en conjunto con la Alianza Mundial para una Nutrición Mejorada (Gain, por sus siglas en inglés) y con DS Nutritional Products, tiene como objetivo facilitar el acceso a niños y mujeres a los nutrientes esenciales para llevar una vida más saludable.
  - Bienestar del Personal – Con los productos de nutrición interna y externa, se promueve a que los empleados tenga una vida saludable y activa; desde el acceso a productos gratis a la reducción de costos de seguros médicos.
  - Viva verde – resulta en un programa que incluye las 3R´s; reducir,

reciclar y reutilizar. La compañía incentiva continuamente a sus asociados independientes y empleados a este proyecto. Esto incluye la conservación, reutilización y/o eliminación de elementos peligrosos como bolsas y vasos plásticos, además de compartir los medios de transporte.

Generación de contactos
Al respecto de la generación en una reunión de oportunidad, se observó que los asociados utilizaban las siguientes herramientas para producirlos: utilización de un pin o botón con avisos como "trabaje desde su casa" y "comience bien su día" y -de este modo- generar incertidumbre.

Además, anunciaban la oportunidad a través del periódico e Internet, repartían volantes y catálogos, realizaban encuestas en la calle, regalaban muestras de productos, utilizaban calcomanías en sus propios autos o simplemente desviaban cualquier conversación coloquial a la búsqueda de la oportunidad ya que consideraban que existen muchas personas que se encuentran insatisfechas con sus ingresos, estilo de vida, trabajo y salud.

Presentación de la oportunidad
Debido a que la compañía está orientada al bienestar, a través de la buena nutrición y el estilo de vida activo y saludable, las presentaciones comenzaban describiendo el problema en el que vivimos actualmente en cuanto a los hábitos alimenticios y el modo de vida. Se mencionaba el estrés y el sedentarismo -propios de la vida moderna- como promotores de la obesidad, la cual afectaba tanto a países desarrollados como a aquellos en vías de serlo.

Otro tema importante que se describió se relacionaba con la forma de preparación de los alimentos, los cuales están cargados de sal, azúcar, conservantes, químicos y grasas. Por otro lado, así como existían excesos, explicaban que se encontraban deficiencias de vitaminas, proteínas y minerales que el cuerpo necesitaba para su buen funcionamiento. Estos excesos y deficiencias -a mediano y largo plazo- eran los principales causantes de problemas leves en el sistema digestivo, la piel, la falta de energía y el sobrepeso, entre otros.

En su respectiva oportunidad, cada uno de los presentadores preguntaba, "¿Quién debería usar un producto que le brinde al cuerpo todos los nutrientes necesarios sin excesos ni deficiencias?". Como la respuesta era obvia ("todos"), de allí que entendían que contaban con un gran negocio. En ese momento, planteaban la solución a esos problemas a través de la presentación de los productos que comercializaban. Se describían brevemente los productos principales de la nutrición básica y sus beneficios, los cuales eran un batido nutricional, la proteína, el té y el aloe. Adicionalmente, mencionaban sus otras líneas de productos, que incluían soluciones a temas tales como la energía y condición física, la nutrición dirigida y el cuidado personal. Se resaltaba, asimismo, se ofrecía una nutrición completa para el cuerpo, tanto interna como externa, éstas últimas comprendían cremas y exfoliantes que nutren la piel para que el cuerpo estuviera bien nutrido y luciera bien.

Durante las presentaciones se estableció que, cuando las personas inician con un programa de nutrición con los productos, cambian sus hábitos alimenticios e incorporan la actividad física, comienzan a verse y sentirse mejor, resultando en el inicio del negocio a través de la recomendación directa de los productos.

En el negocio de Herbalife, no existía la cadena de distribución tradicional de comercialización de productos, donde el incremento de precios se debía a la ganancia de todos los intermediarios. El siguiente cuatro propone – casualmente- el flujo de la cadena tradicional:

Cuadro 10. Modelo de distribución tradicional.

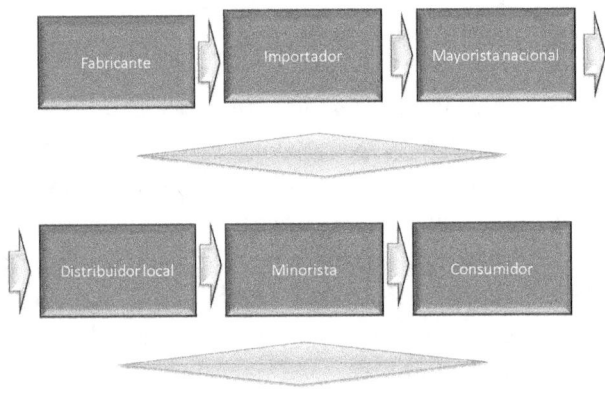

Fuente: Elaboración Propia

En el sistema de la compañía -basado en la venta directa- el único tipo de intermediario que existía -entre el fabricante y el consumidor final- era el asociado independiente[xii]. , quien tenía la posibilidad de generar todos los porcentajes abonados a intermediario alguno. Para ello, las dos funciones básicas que ejercían se referían a la recomendación de productos y a la formación de un equipo de trabajo. El siguiente cuadro explica la forma de comercialización de este sistema:

Cuadro 11. Modelo de distribución de venta directa

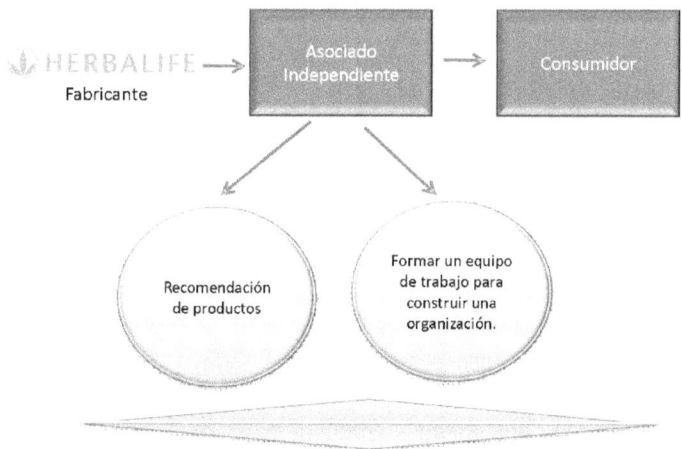

Fuente: Elaboración Propia.

Como consecuencia de lo expuesto, el asociado independiente de Herbalife podía adquirir los productos -para su comercialización posterior- con descuentos que oscilaban entre el 25%, 35%, 42% y 50%, según su nivel de producción, y la corporación contaba con siete formas de generar ingresos: venta directa, venta al por mayor, regalías, bonos por volumen, bonos de producción, bonos anuales y vacaciones.

Asimismo, se destacó el sistema de entrenamiento que tenía la compañía a través de reuniones semanales, mensuales, semestrales y anuales. Adicionalmente, contaba con un canal de capacitación por Internet a disposición de los asociados, las 24 horas del día y –además- proveía audios de entrenamiento dedicados al desarrollo del negocio y crecimiento personal.

En el cierre de la reunión de oportunidad se insistió que estas reuniones estaban abiertas para todo el mundo. Los presentadores destacaron las siguientes características para las personas que recién comienzan, las que – de esta manera- podrían tener igual o mayor éxito que ellos:
- Estar dispuesto a trabajar, ya sea de forma parcial o total.
- Ser enseñable. O sea, estar dispuesto a aprender de los que tienen más experiencia.
- Estar insatisfecho en algún área de su vida y que se esté buscando –constantemente- una mejora o cambio, ya sea económico, laboral, salud o de estilo de vida.

Finalmente, se les indicó a los invitados que se reunieran con la persona que los contactó para explicarles cómo iniciar con el uso de los productos, el negocio o ambas actividades si así lo deseaban.

Cabe destacar que existían más compañías de multinivel con éxito en el mercado, dentro de las cuales se pueden mencionar AMWAY y Forever living Products.

Según la información obtenida en su sitio web[xiii], AMWAY era una compañía norteamericana fundada en 1959. Comercializa cerca de 450 productos, divididos en cuatro grandes categorías, a saber: nutrición, belleza, cuidado personal y hogar. Sus productos se comercializaban en más de 100 países, siendo una compañía valorada en $10.8 billones de dólares. Se destacan los siguientes lineamientos fundamentales de su accionar:
- Misión: trabajar cada día para que las personas vivan mejor.
- Ideales: Libertad, familia, esperanza y recompensa; es decir brindar libertad para que cada persona pueda determinar su futuro, que disponga del tiempo y recursos para disfrutar de la familia. Ofrecer esperanza a todas las personas haciéndolas descubrir su potencial y que sean recompensadas por su esfuerzo.
- Responsabilidad Social: Promovía una campaña llamada AMWAYS One by One para la niñez, donde -a través de su línea de nutrición Nutrilite- han ayudado a más de 12 millones de niños -por el lapso de 10 años y a nivel mundial- a mejorar su bienestar, incluyendo los 11 países en que la compañía tiene presencia en América Latina. Adicionalmente, ha donado más de Usd $ 225 millones a diferentes causas infantiles.

Otra compañía destacada en el mercadeo en red era Forever Living. De acuerdo con su sitio oficial[xiv] fue fundada -en 1978- en Arizona, Estados Unidos. Sus productos tenían como base al aloe vera; era considerada la empresa cultivadora, de producto y distribución más grande de esta planta. Comercializaba una cartera de más de cien productos, orientados tanto a la salud como a la belleza.

Forever se encuentra presente en más de 150 países con una red de distribución de más de 10 millones de empresarios independientes. Sus principios fundamentales se basaban en:

- Misión: "Crearemos un ambiente rentable donde las personas puedan, con dignidad, ser lo que quieren ser, donde la integridad, la empatía y la diversión son nuestras guías. Vamos a crear y apreciar una pasión por, y la creencia en, nuestra empresa, nuestros productos y nuestra industria. Buscaremos conocimiento y equilibrio, y sobre todo, tendremos coraje mientras lideramos nuestra empresa y Forever Business Owners".
- Responsabilidad Social: Forever Living poseía un programa conocido como Forever Giving, el cual se encontraba asociado con organizaciones de beneficencia a nivel mundial con el fin de seguir mejorando la vida humana. Este proyecto estaba enfocado en brindar educación, fondos e instalaciones con el objeto de combatir la falta de servicios médicos y la pobreza.

A modo de síntesis, en la presente sección se ha mostrado el análisis -fruto de la observación- de tres presentaciones de oportunidad de la compañía Herbalife, empresa fuertemente orientada a la comercialización de productos para nutrición interna (control de peso y actividad física) y externa (cremas, hidratantes, shampoo, entre otros). En cada uno de estos tres casos, se pudo identificar que existía un fuerte planteamiento del problema que enfrentamos con relación a los hábitos alimenticios y sus consecuencias para la salud. A su vez, se analizó la oportunidad de negocio que ofrecían a través de la venta directa de sus productos y del plan de compensación vigente, relacionado con el avance y desarrollo de los asociados independientes. También, se ha hecho fuerte referencia al sistema de entrenamiento disponible. Por último, se citaron dos empresas exitosas adicionales participantes del negocio del multinivel.

3.4 Conclusiones

En el actual Capítulo, se utilizaron tres métodos de recolección de datos de campo. A partir de la información obtenida, se ha podido llegar a conclusiones que son del todo reveladoras y –además- confirmatorias de la investigación que se propone.

Gracias a la aplicación de un cuestionario a los asociados independientes, se pudo identificar que ambos sexos ejercen la actividad del multinivel, donde se observó que la edad no es relevante para iniciar el negocio, tampoco el nivel de educación del prospecto.

Por encima de cualquier tipo de publicidad, el contacto directo resultaba la forma más común y certera para generar personas interesadas en la actividad.

La totalidad de los encuestados estaban convencidos que ser un distribuidor independiente era una mejor alternativa que trabajar para una empresa.

Dentro de los elementos que influían directamente en no continuar con el negocio, estaban la falta de motivación, la disciplina y la capacitación. De las distintas entrevistas realizadas y de lo apuntado por los informantes-clave surgió que no todos los que se dedicaban a este tipo de actividad contaban con las características necesarias como para continuar con este negocio o muchos, también, lo hacían para probar si es que podían realizarlos. Fue referido que no todos los individuos contaban con las características de auto administración, auto promoción, marketing y auto desarrollo que resultaban necesarias para que este tipo de actividad, ni tampoco con la voluntad de adquirir estas habilidades.

A su vez, el mercadeo en red era visto como una magnífica oportunidad para las personas más pobres. De hecho, los tres profesionales entrevistados coincidieron en que era una oportunidad que podría ser aprovechada por cualquier tipo de persona, sin importar sus antecedentes académicos o económicos. El sistema servía como una institución de educación empresarial y de desarrollo personal.

A lo largo de las entrevistas, fueron planteados varios casos de personas pertenecientes a la BdP, que -gracias a este tipo de negocio- han podido salir del estado de pobreza y evolucionar hacia un estilo de vida digno, por medio de la capacitación continua y el cambio de la mentalidad y de hábitos.

Los especialistas resaltaron la confusión entre el MM o network marketing y los sistemas piramidales, donde el primero se destacaba por fomentar el relacionamiento con las personas y el consumo de productos, mientras que el segundo solamente incentivaba la inversión. Remarcaron que -cuando se ofrecía la oportunidad de realizar la actividad- la efectividad estaba en relación con el nivel de profesionalismo mostrado en el manejo del negocio.

Asimismo, se han presenciado tres reuniones de presentación de la compañía de multinivel Herbalife International. Se observó que -por ser una empresa dirigida al bienestar a través de la buena nutrición- se iniciaba la reunión con un análisis de los principales factores que causaban los malestares regulares en las personas (obesidad, cansancio y problemas intestinales, entre otros). Luego, se presentaba -a partir de los productos ofrecidos- la solución a los fines de mejorar esos problemas. Como conclusión, se explicaba el funcionamiento del negocio y del plan de pagos para sus distribuidores independientes, el que se correspondía con el esfuerzo y el crecimiento de cada uno.

En el presente Marco Investigativo, se ha analizado –empíricamente- el mercadeo en red o MM, como un sistema de ventas aplicable a las personas de muy bajos ingresos.

En el próximo Capítulo -Conclusiones generales, Propuesta y Aportes para futuras investigaciones- serán presentados –fundamentalmente- los hallazgos que han surgido a partir del estudio realizado y las consecuencias de los mismos.

CAPÍTULO 4
CONCLUSIONES, PROPUESTA Y APORTES PARA FUTURAS INVESTIGACIONES

La hipótesis planteada al inicio del presente trabajo, afirma que el MM implica un estilo de negocio que ofrece la posibilidad de iniciarlo con muy baja inversión y riesgo, contribuyendo a mejorar la calidad de vida de las personas de muy pocos recursos. Además, se plantea que se propone desarrollo personal y financiero a partir del esfuerzo y el trabajo realizado, sin la necesidad de contar con conocimientos previos sobre el tema.

El objetivo general estuvo enfocado en describir las características del MM como negocio de ventas directas para las personas más pobres. Se han analizado las distintas posibilidades de este sistema y de la población de la BdP, como así –también– la oportunidad de desarrollo que ofrece el MM para este segmento de la población.

A partir de la investigación efectuada, se ha establecido que la hipótesis ha sido corroborada y los objetivos verificados.

4.1 Generalización de los hallazgos

En el Capítulo concerniente a la Metodología de la Investigación, se menciona que se ha realizado un análisis cuali-cuantitativo, con predominio cualitativo. Además, este estudio -de tipo exploratorio descriptivo- ha empleado técnicas de estudio sobre una muestra intencional y dirigida. Por las razones aludidas, no resulta posible la generalización de los hallazgos, aunque se observa que esta investigación puede ser considerada para la toma de decisiones por parte de organizaciones y de personas individuales.

A modo sumario, los resultados de la investigación permiten afirmar que existe una gran oportunidad de desarrollo personal y profesional al aplicarse el MM –que no muestra limitaciones- en la BdP, altamente necesitada de alternativas nuevas en gerenciamiento y en lo comercial. Esta aplicación podría influir enormemente en una transformación de la sociedad a nivel mundial.

4.2 Conclusiones

A partir del desarrollo de la presente investigación, se ha arribado a conclusiones que se encuentran ordenadas en los siguientes títulos a los fines de su mejor comprensión:

Al respecto del MM

De acuerdo con lo expuesto en el Marco Teórico, el MM -también conocido como mercadeo en red o network marketing- se refiere a un sistema de ventas directas que se caracteriza por no tener intermediarios en su proceso de comercialización, ni generar gastos de publicidad. Este sistema, representa una opción diferente de llevar productos y servicios al mercado ya que es utilizada la recomendación directa persona a persona.

De este modo y según los resultados de los cuestionarios aplicados a distribuidores independientes, un 83% conoció al respecto de esta oportunidad de trabajo en forma personal, a través de un familiar o un amigo.

Uno de los factores más destacables, explicado en el Marco Teórico, se relaciona con el plan de compensación que se ofrece en el MM. Aparte de la generación de ingresos por ventas directas, permite -a los distribuidores independientes- afiliar personas a la actividad y percibir comisiones por las ventas de productos efectuadas por los nuevos asociados. Se opera -de esta manera- el crecimiento de la red.

Igualmente y de acuerdo con la información recopilada en las encuestas a distribuidores independientes, existían asociados que —mensualmente- generaban cifras que resaltaban la importancia de estos ingresos en cada uno de ellos. Así, un 67% de los encuestados se dedicaba a esta actividad a tiempo parcial y un 33% a tiempo total.

Tal lo planteado en el Marco Teórico, el MM puede ser iniciado sin ninguna preparación o experiencia previa, ya que -en el proceso de desarrollo del negocio- se van aprendiendo destrezas de disciplina, comunicación y liderazgo.

Asimismo, se plantea en el Marco Investigativo, que el 100% de los encuestados eran empleados y consideraban que constituía una mejor opción ser asociado independiente que empleado. Según reflexionaron varios distribuidores, constituía una gran oportunidad el hecho que el multinivel ofreciera comenzar la actividad con muy baja inversión y, además, permitiera adquirir y desarrollar las destrezas necesarias a los efectos de manejar un negocio independiente. Por último, las personas podrían obtener una formación en negocios y liderazgo, la cual tendría una injerencia positiva en su vida y en las personas que le rodeaban.

Al respecto de las prácticas en el MM

Existen actividades fundamentales en el negocio del mercadeo en red, no solo las que se refieren al fortalecimiento del sistema y promueven su continuo crecimiento, sino las que impulsan -a los asociados- al logro de sus metas personales. Incluyen la utilización del producto, la venta directa y el desarrollo de la red por medio de la afiliación de nuevos prospectos, contribuyendo a establecer un mayor grado de relación entre las personas en la expansión de la actividad.

Utilizar el producto y obtener resultados representa la base del negocio, lo cual da lugar a la recomendación de los mismos y a la generación de ventas. La venta directa resulta el medio por el que se dan a conocer los productos y servicios a los individuos interesados en un ambiente disipado; representa –además- una forma adapta destinada a establecer relaciones, brindando la oportunidad de generar nuevos contactos a efectos de ingresar a la actividad.

En las observaciones realizadas en las presentaciones de oportunidad, se planteó la importancia central que tiene -en el MM- el producto y su utilización. Una compañía de éxito como Herbalife, se destacaba por ofrecer productos demandados continuamente, tanto en el presente como en el futuro. El uso comprometido de estos productos se constituía en el inicio del negocio y todo partía de la recomendación directa por parte de otros asociados y clientes.

En adición a la generación de ingresos por medio de la venta directa, existía la posibilidad que el distribuidor pudiera crear una red de asociados independientes, a los que le enseñaría a comercializar los productos. Con esta práctica, entraba en juego el concepto del marketing en red, favoreciéndolos con una serie de comisiones y bonos que se desprendían de las ventas generadas por toda la organización de personas que se hubieran sumado al proyecto y que hubieran sido capacitadas por la persona que había generado dicha red.

Por otro lado, en el Marco Teórico se ha indicado que -para tener éxito en la actividad del multinivel- las personas deben capacitarse y llevar lo aprendido a la práctica. Se establecieron siete prácticas que un networker debe adoptar para garantizar que llevará un negocio adelante, apuntando al desarrollo y al crecimiento sostenido del mismo. Las mismas incluyen el uso del producto, el mantenimiento de un inventario, la realización de una acción diaria de venta, la formación de un equipo de trabajo, la lectura de textos veinte minutos diarios, la escucha de audios de desarrollo personal por veinte minutos diarios y la elección de un mentor.

Los informantes-clave afirmaron que las actividades antes mencionadas podrían llevarse a cabo gracias a que el sistema estaba diseñado para incentivar a las personas en su crecimiento personal y empresarial. Para ello, las compañías del multinivel contaban con plataformas de aprendizaje que servían de soporte para ayudar -a sus distribuidores- a adoptar las prácticas y disciplinas necesarias con el fin de manejar un negocio tan grande y exitoso como lo desearan. A su vez, permitía generar ingresos durante todo el proceso de desarrollo de las personas.

Al respecto de las ventajas y desventajas del MM

El mercadeo en red se destaca por ofrecer una oportunidad igualitaria para todo tipo de personas. Se caracteriza por tener un sistema de comercialización de productos persona a persona, donde los asociados son capacitados para avanzar dentro de un plan de marketing[xv] según su esfuerzo y dedicación.

Como se expuso en el Marco Teórico, el MM presenta diferentes ventajas debido a que se encuentra concebido con el objeto de brindar educación empresarial a cualquier tipo de persona abierta al aprendizaje, sin importar su posición socioeconómica o nivel educativo. A su vez, esto último fue expresado por algunos especialistas, cuando indicaron que -este negocio- representaba una oportunidad que se ofrecía de manera equivalente a cualquier individuo, sin importar su estrato social, educación o situación económica. Asimismo, algunos especialistas resaltaron la ventaja de poder obtener ingresos durante el proceso de aprendizaje, lo que no suele suceder frecuentemente en cualquier otro trabajo tradicional.

Además, algunos encuestados expresaron que permitía que las personas pudieran descubrir su potencial, adquirir habilidades, manejar sus tiempos y disponer de ingresos residuales[xvi] a futuro sin tener jefes, socios o empleados.

De esta manera, todas las personas que se iniciaban tenían la oportunidad de llegar tan lejos como se propusieran gracias a la recompensa por el esfuerzo y el trabajo realizado a través de la distribución de productos. A su vez, representaba una excelente forma de generar ingresos gracias a la capacitación que recibían los individuos y el apoyo desde el primer día.

Otra de sus fortalezas, se refiere a que no genera gastos de distribución – por la inexistencia de los intermediarios- dando lugar a mayores ganancias para los asociados. A su vez y gracias al modo en que se distribuyen los productos, se fomentan las relaciones interpersonales y el sentido de pertenencia a un grupo que comparte idénticos ideales.

Durante las observaciones realizadas, se ha podido identificar que -por medio de la recomendación directa de productos entre las personas -se reducían enormemente- los gastos de distribución, lo que se traducía en más ganancias para los empresarios independientes y -a su vez- un mejor establecimiento de las relaciones a más largo plazo entre los clientes y distribuidores.

A pesar de los beneficios expuestos, se verificaron ciertos elementos que toman relevancia cuando el éxito no es alcanzado en este tipo de negocio. Así y dentro del Marco Teórico, se estableció la difícil tarea de transmitir la motivación necesaria a los asociados más recientes, sin caer en un estado de desánimo o pérdida de foco.

A su vez, contar con la política de aceptar todo tipo de individuos daba lugar a que personas estafadoras y engañosas –con intereses personales- ingresasen al sistema.

De otro modo, se destaca que este tipo de negocio no ofrecía un plan jubilatorio ni de salud como lo haría un empleo tradicional y -también- el sistema multinivel solía ser confundido con los sistemas piramidales, los cuales resultaban ilegales.

Por último, las principales razones esgrimidas por los encuestados -a los efectos de no permanecer en el MM- se refirieron a la falta de disciplina, motivación y capacitación.

Finalmente, los profesionales entrevistados destacaron que existía una gran diferencia entre los sistemas multiniveles y los piramidales, ya que -los primeros- se encargaban de fomentar que los asociados distribuyeran productos y fueran premiados por su esfuerzo, mientras que –los segundos- incitaban a altas inversiones.

Al respecto a la Base de la Pirámide (BdP)
En el Marco Teórico se indica que la BdP está constituida por más de 4 billones de personas que viven en extrema pobreza a nivel mundial y que su ingreso diario es mínimo. Esta población presenta serios desafíos en relación a servicios de primera necesidad como la salud, el agua y el acceso a crédito.

En este sentido, las encuestas revelaron que el 83% de las personas consideró como excelente la oportunidad del multinivel para la gente más pobre y el 17% dijo que era muy buena. Agregaron que representaba una posibilidad para que las personas de muy bajos ingresos pudieran crecer económicamente por medio de la adquisición de confianza, autoestima y habilidades de negocio.

Se resalta que las firmas multinacionales debían replantear sus modelos de negocios y filosofía de manera de apuntar al poder de compra que tiene este mercado. De este modo, su gran desafío se dirige a encontrar un adecuado equilibrio entre la rentabilidad, la mejora en calidad de vida y la reducción de la pobreza.

Asimismo, varios profesionales destacaron lo accesible que resultaba iniciar un negocio multinivel ya que era mucho más económico que comenzar cualquier negocio tradicional. A su vez, agregaron que -gracias al hecho de disponer de los productos del patrocinador- el nuevo asociado podía generar sus primeras ventas y resultados con el producto como -también- los relacionados con el negocio. Por otro lado y gracias al apoyo educativo y corporativo que las compañías multinivel ofrecían, los recientemente incorporados podían ser ayudados en su desarrollo, comenzando –prácticamente- con nada y pudiendo llegar tan lejos pretendieran.

A modo conclusivo, resulta determinante no observar a esta gran población mundial como una carga o molestia, sino como potenciales consumidores y promotores de una economía que aún puede encarar grandes desarrollos socioeconómicos.

Al respecto del desarrollo de la BdP
Contribuir al progreso de la población más pobre del mundo significa una atención diferenciada si se la compara con aquella perteneciente a los

mercados más desarrollados. Tal lo expresado en el Marco Teórico, deviene imprescindible la creación de una infraestructura adecuada a los fines de enfrentar los desafíos que presenta este mercado. También, trabajar sobre los cuatro elementos clave mencionados, los que podrían impulsar un desarrollo del amplio segmento poblacional de mayor pobreza, a saber: 1) crear poder de compra, 2) adecuar las aspiraciones, 3) mejorar el acceso y 4) adaptación a soluciones locales.

En relación con lo planteado anteriormente, suministrar crédito a los más pobres juega un importante papel a los efectos de beneficiar este tipo de economías ya que aumenta el potencial de compra y favorece el comercio, acrecentando –a su vez- los ingresos y mejorando la calidad de vida. Además, ofrecer productos adaptados a este nivel poblacional da lugar a compras por parte de personas de muy bajos recursos que proceden de comunidades muy lejanas donde el acceso es limitado.

Según los profesionales entrevistados, el MM permitía -a las personas sin capacidad económica- apoyarse en un sistema que orienta progresivamente hacia el crecimiento y desarrollo con el fin de generar los primeros ingresos. Así -en las presentaciones de oportunidad- se pudo observar que era posible adecuar la utilización de los productos a las personas de muy bajos recursos a través de la adquisición de porciones diarias, acompañado de las correctas instrucciones de uso y aprovechando para realizar un continuo seguimiento orientado al cumplimiento de los objetivos de cada individuo.

A su vez y de acuerdo con lo expuesto en el Marco Teórico, la optimización de la comunicación y de los canales de distribución por medio de la tecnología daba lugar a posibilidades de educación, medicina y micro banca, así como –también- favorecía el desarrollo del crecimiento económico. Todo esto permitía comenzar pequeños emprendimientos con el fin de estar conectados globalmente a nivel virtual. De esta manera, la combinación de modelos de negocios globales con habilidades y conocimientos locales, permitía la creación de capital en los mercados de más pobreza, sin la pretensión de querer cambiar las particularidades que tuvieran los que pertenecen a este segmento de mercado en cuanto a estilos de vida y costumbres.

Durante las observaciones de campo, se pudo identificar el sistema de entrenamiento y educación que se ofrecía a los asociados en un sistema multinivel como Herbalife, el cual constaba de reuniones semanales, mensuales, semestrales y anuales. Incluso se han observado capacitaciones por Internet las 24 horas al día y audios de desarrollo personal, lo que facilitaba -de manera notable- el acceso a la información y la toma de decisiones más acertadas a los efectos de iniciar la actividad por parte de prospectos de bajos recursos.

Uno de los especialistas describió brevemente que -para darles soporte a las personas de bajo nivel económico- se apuntaba a incrementar su capacidad intelectual a través de la educación, lo que se conoce como generar el capital semilla. Esto contribuía a que los prospectos aprendieran a tomar decisiones y a adquirir destrezas para desarrollar el negocio dentro de su propia comunidad con el fin de mejorar su calidad de vida, sin sacrificar sus costumbres y manteniendo su esencia.

Al respecto del MM como negocio dirigido a la BdP
El hecho de enfocar iniciativas que incorporen a la BdP en la cadena de valor de las grandes multinacionales implica observar -a este mercado- como consumidor y como emprendedor, conservando las metas de ganancias y de superación de la pobreza. Esto sugiere que les sean facilitados los recursos y conocimientos correspondientes a los fines de servir como motor del desarrollo económico a nivel mundial.

Como se expuso en el Marco Teórico, la decisión de formar parte de un negocio multinivel representaba una oportunidad de generar valor en los mercados de más pobreza. En este segmento, las personas solían emprender algún tipo de negocio gracias al reconocimiento de una oportunidad o como un medio de subsistencia. De esta manera, el desarrollo de un modelo de negocios adecuado devenía imperioso a los efectos de capturar valor a través de la innovación y de la combinación de recursos y destrezas.

Algunos de los encuestados opinaron que no existía mejor opción que emprender un negocio propio e independiente que se fuera consolidando de la mano del aprendizaje, el crecimiento personal y la adquisición de autoestima, confianza y nuevas habilidades. Según varios profesionales entrevistados, debía existir cierta disposición de parte de los prospectos a efectuar cambios en sus hábitos si querían ser parte de un sistema diferente, sustituyendo o rompiendo con ciertos esquemas y paradigmas que caracterizaban al sistema laboral tradicional.

Se ha explicado en el Marco Teórico que -con el fin de llevar a cabo un plan de negocios- resulta necesario conocer las cinco fuerzas competitivas planteadas por el Profesor Michael Porter. Además, las corporaciones que pudieran conseguir avances en su gerenciamiento a través de nuevas prácticas -que incluyeran la adaptación y flexibilidad a los cambios, la diferenciación a través de la innovación y la creación de un ambiente corporativo adecuado- resultarían las ganadoras del mañana. Estos avances no podrían excluir a la población de más bajos ingresos.

Por otro lado, se ha descripto que el MM podría representar una excelente oportunidad como negocio inclusivo ya que puede ayudar a alcanzar y mejorar distintos puntos de la cadena de valor empresarial, tales como los proveedores, distribuidores, clientes y socios.

Tomando como base las ideas de los informantes-clave entrevistados, todos han informado que conocían casos de personas inmigrantes que –por diferentes razones- no contaban con ningún tipo de oportunidad para ingresar al mercado laboral tradicional, aunque -gracias al sistema multinivel- habían podido lograr pasar de un vida de miseria a otra digna, cubriendo las necesidades básicas e incluyendo la posibilidad de brindarle educación a sus hijos.

A partir de la información obtenida a través de las observaciones de campo, se analizó la relación que existía entre el MM y el alcance de distintos elementos de la necesaria cadena de valor, a saber:

- Proveedores: las empresas multinivel funcionaban como los entes que suministraban los productos a sus distribuidores.
- Distribuidores: gracias a la red que formaban los asociados independientes, resultaba posible que las personas -aún en sitios apartados- pudieran disponer de los productos.
- Clientes: Se ofrecían productos de calidad a precios competitivos y atractivos a la BdP, estableciéndose -de esta manera- una relación más que comercial, enfocada en lo personal entre el cliente y el distribuidor.
- Socio: Un negocio inclusivo -como lo puede ser el mercadeo en red- servía a los fines de mejorar la calidad de vida de las personas, así como –también- en la generación de beneficios para la empresa. Así, se creaba una relación "ganar-ganar" entre empresas y personas.

4.3 Propuesta

A modo de resumen del trabajo de investigación realizado, resulta posible proponer las siguientes ideas troncales que sugieren la existencia de una excelente relación entre el MM y la Bdp, contribuyendo a mejorar la calidad de vida de incontables personas que hoy no cuentan con trabajos dignos en el mundo:

- El MM presenta un estilo de negocio basado en ventas directas y en la construcción de una red, el cual genera ingresos residuales en distintos niveles gracias a la comercialización de los productos –por parte de los afiliados- dentro de dicha red.
- Iniciar un emprendimiento propio e independiente -a tiempo parcial o total- resulta una gran oportunidad para cualquier persona, sin importar su nivel socio-económico, educación, raza, sexo, religión o su experiencia previa en la industria. Lo primordial de este sistema radica en que el crecimiento personal se obtiene ayudando a otros a crecer.
- La BdP representa un inmenso mercado no atendido y -en cierto modo- no observado por muchas empresas multinacionales debido a su extremo nivel de pobreza. El mercadeo en red puede contribuir a la mejora de la calidad de vida de los más pobres, otorgando –así- la facilidad de comenzar una actividad sin inversión inicial y – prácticamente- sin gastos de publicidad. Por otro lado, ofrece

productos de buena calidad y la capacitación necesaria para su correcta utilización y comercialización.
- Con el fin de cambiar paradigmas y erradicar limitantes mentales, el sistema de MM brinda apoyo educativo a este segmento marginado de la población, al mismo tiempo que invita a descubrir el potencial que cada persona posee. A través de la elevación de su autoestima y de la ayuda en la visualización de una realidad muy distinta -tanto a nivel personal como económico- se les asiste a los fines que puedan identificar posibilidades que les permitan salir del estado de pobreza, sin necesidad de tener que sacrificar su estilo de vida y costumbres.
- Uno de los principales pilares que sobresale en el network marketing consiste en que -por medio de la oferta de una oportunidad de emprendimiento- se hace posible incluir a la BdP en la cadena de valor de las firmas internacionales. Además, permite -a este segmento- salir del estado de pobreza y mejorar su calidad de vida a través de la combinación de sus capacidades personales y capital.

4.4 Aportes para futuras investigaciones.

A lo largo del presente trabajo, se han planteado distintas temáticas que pueden aportar significativa y favorablemente al hecho que distintas empresas puedan establecer prácticas efectivas a la hora de desarrollar negocios que incluyan a las poblaciones más pobres del mundo.

También, se mantiene la expectativa que esta investigación fundamente el inicio de otras nuevas que puedan realizarse en el futuro. Por tal motivo, se plantean las siguientes temáticas que pueden permitir dar luz a nuevos elementos en la materia:

- Analizar el lanzamiento de nuevas oportunidades en negocios inclusivos y establecer su impacto en la calidad de vida a la población afectada.
- Estudiar casos de éxito y fracaso en la BdP y en el MM con el fin de servir de guía a aquellos que pretendan considerar estas posibilidades.
- Investigar las influencias e impactos de las empresas multinivel sobre sus distribuidores independientes, profundizando en elementos que permitan su transformación personal y profesional, y de la sociedad, en general.
- Ayudar al fortalecimiento del sistema multinivel a partir de un mayor conocimiento de las opiniones del público -en general- y de sus asociados independientes.
- Profundizar en la importancia de la capacitación empresarial en el proceso de toma de decisiones, necesario a los fines de iniciar emprendimientos independientes, prácticamente sin recursos económicos y sin preparación previa.

- Analizar el modo en que pueden implementarse unidades de negocios - en las organizaciones multinacionales- orientadas a atender el segmento poblacional de mayor pobreza
- Profundizar al respecto de los factores que promueven el desarrollo del enorme mercado que representa la BdP.
- Analizar las razones por las cuales existen personas que han optado por abandonar el negocio multinivel.

Estas temáticas cuentan con el objetivo de ayudar a un desarrollo sostenido de la BdP, contribuyendo al mejoramiento de las condiciones de vida de este segmento poblacional.

La investigación desarrollada ha arrojado evidencias que el sistema del mercadeo en red o MM representa una excelente posibilidad de negocio para las personas de más bajos recursos. Sin embargo, resulta innegable que existen ciertos desafíos que podrían influir en el no aprovechamiento total de dicha oportunidad y que han sido marcados a lo largo de este trabajo.

De todas formas, vivimos en un mundo sumamente volátil y complejo, en el que el hecho de iniciar una actividad propia suele estar acompañada de muchos factores que -en principio- resultan de una dificultosa predicción e implementación. La falta de visión y motivación, desconocimiento de herramientas útiles, habilidades empresariales insuficientes, la confusión con los sistemas piramidales, y hasta elecciones y decisiones no acertadas confluyen en un ambiente en el que los inicios de un negocio se tornan azarosos y de consecución improbable. Muchas veces, dedicación, aceptación de los errores, compromiso y liderazgo parecen insuficientes ante tanta vaguedad y límites imprecisos[xvii]. La BdP potencia todos estos factores –positivos y negativos- al vérselas con personas que -muchas veces- no han contado con la oportunidad de insertarse en los mercados globales para poder vivir -de alguna manera- sin las sanciones lógicas que la pobreza propone.

Hechos como los apuntados, han obligado a apoyar la presente investigación más en la exploración de nuevos elementos que en la experiencia pasada. Seguramente, es -por esta razón- que este trabajo de investigación debería haberse escrito en tiempo futuro y no en pasado.

BIBLIOGRAFÍA

Libros

García Sánchez, M. D. (2004) Marketing Multinivel. Ponzuelo de Alarcón, Madrid: ESIC Editorial

King, C.W. y Robinson, J.W. (2006) Los Nuevos Profesionales: El surgimiento del Network Marketing como la Próxima Profesión de Relevancia. Buenos Aires: Time and Money Network Editions.

Kiyosaki, R. T. y Lechter, S. (2012) La Escuela de Negocios: Para personas que gustan de ayudar a los demás. Buenos Aires: AGUILAR.

Poe, R. (2001) Ola 4. El Network Marketing en el Siglo XXI. Edit. Time & Money Network Editions.

Prahalad, C. K. (2004) The Fortune at the Bottom of the Pyramid, Wharton School Publishing, New Jersey: USA.

Viltard, L. A. (2013) 2013 - Globalización: Entender el nuevo ámbito mundial y tomar decisiones. B.S. Lab, Italia: Avellino.

Viltard, L. A. (2011) Los No.1 en Responsabilidad Social Sustentable (Co-autor con O. J. Farao). Kier-Management, Argentina: Buenos Aires.

Páginas Web

¿Qué pasó con Herbalife? La Verdad sobre el Juicio y la Demanda (2016) José Miguel Argulú, Información obtenida del sitio web https://www.youtube.com/watch?v=azoaR4ATGDw Recuperado el 23/01/2017

Aguilar Esteva. V. (2005) El Modelo de Motivación y Desarrollo Personal Empleado en el Sistema Multinivel. Disponible en el sitio web: http://itzamna.bnct.ipn.mx/dspace/bitstream/123456789/571/1/556_2005_UPIICSA_MAESTRIA_veronica_aguilar.pdf, Recuperado el 24/09/2014.

AMWAY (2017) Acerca de Amway. Disponible en http://www.amway.com.ar/?icid=nav:ar:en:amway.com:popup:enterprise:amway.com.ar Recuperado el 29/01/2017.

Arroyo, A. (2013) Verdades y Mentiras del Marketing Multinivel con Alex Arroyo. Disponible en sitio web:

https://www.youtube.com/watch?v=XrVbBlFoxFk, Recuperado el 03/04/2015.

Ayala Castillo, A. E. (2013) Comercialización de Productos Colombianos Utilizando Network Marketing. Disponible en el sitio web:http://repository.unimilitar.edu.co/bitstream/10654/11199/1/AyalaCastilloAlfredoEnrique2013.pdf , Recuperado el 01/10/2014.

Banco Mundial (2013) Se registra una disminución notable de la pobreza mundial, pero persisten grandes desafíos. Disponible en http://www.bancomundial.org/es/news/press-release/2013/04/17/remarkable-declines-in-global-poverty-but-major-challenges-remain, Recuperado el 02/04/2015.

Cámara Argentina de Venta Directa (s.f.) La Venta Directa es... Disponible en el sitio web. http://www.cavedi.org.ar/page.php?language=sp&section=venta-directa&action=es-venta-directa, Recuperado en 24/082014.

Federal Trade Commission (2017) FTC Sends Checks to Nearly 350,000 Victims of Herbalife's Multi-Level Marketing Scheme. Disponible en https://www.ftc.gov/news-events/press-releases/2017/01/ftc-sends-checks-nearly-350000-victims-herbalifes-multi-level. Recuperado el 25/01/2017.

Forever (2017) Acerca de Nosotros. Disponible en https://foreverliving.com/page/home-page/about-us/arg/es Recuperado el 30/01/2017.

Hamel, G. (2011) On the Future of Management. Disponible en el sitio web: https://www.youtube.com/watch?v=K3-_IY66tpI, Recuperado el 28/11/2014.

Herbalife (2014) Acerca de Herbalife. Disponible en http://empresa.herbalife.com.ar/, Recuperado el 08/01/2015.

Litvachkes, E. (2014) 7 Acciones de un Networker Altamente Efectivo. Disponible en el sitio web: http://dinerosaludable.com/7-acciones-de-un-networker-altamente-efectivo/, Recuperado el 24/08/2014.

Marketing en red (s.f.). Las diferencias de un negocio multinivel y un sistema piramidal. Disponible en el sitio web. http://marketingdered.com/las-diferencias-entre-un-negocio-multinivel-y-un-sistema-piramidal/, Recuperado en 01/10/2014.

Melo Velasco, J. M. (2010) Negocios inclusivos: una aproximación a sus potencialidades en el mundo del trabajo. Disponible en http://www.simel.edu.ar/archivos/mesas/2010/Mesa_7/m7_MELO.p

df, Recuperado el 22/11/2014.

Nieto, A. B. (10/01/2017) Las autoridades compensan a 350.000 víctimas de Herbalife, http://laopinion.com/2017/01/10/las-autoridades-compensan-a-350000-victimas-de-herbalife/, Recuperado el 10/01/2017.

Organización Internacional del Trabajo (2014) La débil recuperación económica no se extiende al empleo. Disponible en http://www.ilo.org/global/research/global-reports/global-employment-trends/2014/WCMS_234000/lang--es/index.htm, Recuperado el 02/04/2015.

Organización Internacional del Trabajo (2013) Working poverty reduction stalled. Disponible en el sitio web http://www.ilo.org/global/about-the-ilo/newsroom/news/WCMS_234030/lang--en/index.htm, Recuperado el 29/10/2014.

Palomeque Nieto, N.A. (2013) Marketing multinivel: Riesgos e Impactos en la Calidad de vida de las Mujeres Queretanas. Disponible en el sitio web: http://ri.uaq.mx/bitstream/123456789/1268/1/RI000676.pdf, Recuperado en 30/08/2014.

Porter, M. (2008) The five competitive forces that shape strategy. Información obtenida del sitio web http://www.youtube.com/watch?v=mYF2_FBCvXw&feature=player_embedded, Recuperado el 22/11/2014.

Prahalad, C. K. (2013) El Último Mercado. Microfinanzas Ciff. Información obtenida del sitio web https://www.youtube.com/watch?v=2QLIrcVxpgU, Recuperado el 16/10/2014.

Rodríguez, M. A. (2003) La cadena de aprovisionamiento en la base de la pirámide. Disponible en http://www.iese.edu/es/files/CIILMARodriguez_tcm5-5528.pdf, Recuperado el 15/10/2014.

Saavedra J.J. y Mokate K. (2006) Oportunidades para la mayoría . Disponible en el sitio web: http://slideplayer.es/slide/123627/#, Recuperado el 29/10/2014.

Sousa Gomes, I. (2013) Marketing Multinivel del Siglo XXI. Disponible en el sitio web: http://repositorio.bib.upct.es:8080/jspui/bitstream/10317/3673/1/tfg 221.pdf, Recuperado el 23/08/2014.

The World Bank (2015) Poverty and Equity – Latin America & Caribbean:

2011 [Archivo de Datos]. Disponible en http://povertydata.worldbank.org/poverty/region/LAC, Recuperado el 02/04/2015.

World Federation and Direct Selling Associations (s.f.) Multi-Level Marketing. Disponible en el sitio web.http://www.wfdsa.org/legal_reg/index.cfm?fa=multimarketing, Recuperado el 25/082014.

World Federation and Direct Selling Associations (s.f.) What is Direct Selling? Disponible en el sitio web http://www.wfdsa.org/about_dir_sell/index.cfm?fa=direct_sub3, Recuperado el 25/08/2014.

Yunus, M. (2013) Grameen Bank. Disponible en el sitio web: https://www.youtube.com/watch?v=xP706ajHb_Y, Recuperado el 30/10/2014.

Zane Pilzer, P. (2014) On the Power of Network Marketing – NMPRO #1,129. Disponible en el sitio web: https://www.youtube.com/watch?v=CIgvIax_VZI, Recuperado el 03/04/2015.

Artículos

Arora, S. y Romijn, H. (2009). Innovation for the base of the pyramid: Critical perspectives from development studies on heterogeneity and participation. UNU-MERIT Working Paper Series. United Nations University. Disponible en sitio web: http://www.google.com.ar/url?sa=t&rct=j&q=&esrc=s&frm=1&sourc e=web&cd=2&ved=0CCMQFjAB&url=http%3A%2F%2Fwww.merit. unu.edu%2Fpublications%2Fwppdf%2F2009%2Fwp2009-036.pdf&ei=bq02VNTpBpSNNpOUgsgF&usg=AFQjCNFq7zqui0syd dIIpybORIasfzqswQ&sig2=x8CywLAg5GFqnPGln1Qspg, Recuperado el 09/10/2014.

Hammond A. L, Kramer W. J, Katz R. S, Tran J. T. y Walker, C. (2007) Los siguientes 4 mil millones. Reporte de World Resources Institute - International Finance Corporation. Disponible en http://www.wri.org/sites/default/files/pdf/n4b-esp.pdf, Recuperado el 02/04/2015.

Karmani, A. (2007) The Mirage of Marketing to the Bottom of the Pyramid: How the private sector can help alleviate poverty. Disponible en http://www.un.org/esa/coordination/Mirage.BOP.CMR.pdf,. Recuperado el 18/10/2014.

Osterwalder, A. y Pigneur, Y. (2010). Business Model Generation: A Handbook for Visionaries, Game Changers and Challengers. Disponible en http://www.businessmodelgeneration.com/downloads/businessmodelgeneration_preview.pdf, Recuperado el 27/11/2014.

Prahalad, C. K. y Hart, S. L. (2002). The Fortune at the Botton of the Pyramid: low-income markets present a prodigious opportunity for the world's wealthiest companies – to seek their fortunes and bring prosperity to the aspiring poor. California: Booz Allen Hamilton Inc.

Viltard, L. A (2016) Unlimited: Blurred limits in a borderless world, Independent Journal of Management & Production (IJM&P), Abr-Jun 2016, v7, n2.

Viltard, L. A. (2015) The death of the Business Plan: More than ever, learning plans and not business plans are meant to analyze most of business growth alternatives, Independent Journal of Management & Production (IJM&P), Oct-Dec 2015, v6, n4.

Revistas

Cervilla, M.A. y Puente, R. (2013). Modelos de negocio de emprendimientos por y para la base de la pirámide. Revista de Ciencias sociales, XIX (2), 290-292. Disponible en http://www.redalyc.org/pdf/280/28026992009.pdf., Recuperado el 18/Oct/2014

ANEXO 1

Formulario de encuesta a asociados independientes

MARKETING MULTINIVEL (MM)	
MBA Patricio Nina	patricionina@hotmial.com
Dr. Leandro A. Viltard	lviltard@yahoo.com.ar

(No se requerirán más de 3 minutos para completar esta encuesta. Desde ya agradecemos su tiempo).

Objetivos y marco en el que se realiza esta encuesta
Esta encuesta se realiza dentro del marco de un trabajo de investigación académico. No cuenta con otro fin que el de estudiar y profundizar el estado del tema bajo revisión.

Aclaraciones
La información contenida en esta encuesta será tratada bajo la mayor confidencialidad y su utilización será solamente académica.
En caso de no poder contestar alguna de las preguntas, se agradece que sea completado el resto del formulario para permitir continuar con la investigación.

Marketing Multinivel (MM)
Puede definirse como un sistema de ventas directas de productos y/o servicios donde solamente intervienen la empresa o fabricante y el distribuidor, siendo éste último quién lleva el producto al consumidor final.
A diferencia de los negocios tradicionales, el marketing multinivel se destaca por contar con un sistema de comercialización basado en dos elementos fundamentales: la venta directa y la creación de redes. Se destaca por ofrecer oportunidades por igual a cualquier individuo con voluntad de hacer una actividad diferente y obtener nuevos resultados.

CUESTIONARIO

- Nombre_____
- Fecha en que se completa esta encuesta_____

1. **Sexo**   a) Masculino ___   b) Femenino ___

2. **Edad.**
   a) 18 - 25 ___   d) 36 – 40 ___   g) 51 o más ___
   b) 26 - 30 ___   e) 41 – 45 ___
   c) 31 - 35 ___   f) 46 – 50 ___

3. **Nivel Académico**
   a) No estudió ___   d) Terciario ___   g) Otros ___
   b) Primario ___   e) Superior ___
   c) Secundario ___   f) Posgrado ___

4. **¿Cómo se enteró de este tipo de negocio de multinivel?**
   a) Familiar o Amigo ___   d) Internet ___
   b) Televisión ___   e) Radio ___
   c) Periódico ___   f) Volantes ___

5. **¿Qué lo motivó a iniciar un negocio de marketing multinivel?**
   a) Su situación económica ___   e) Crecimiento personal ___
   b) Ingresos Extras ___   f) Libertad de tiempo ___
   c) Desempleo ___   g) Cambio de estilo de vida ___
   d) Insatisfacción laboral ___

6. **¿A qué se dedicaba antes de iniciar el negocio del multinivel?**
   a) Ama de casa ___   d) Empleado de empresa privada ___
   b) Vendedor/comerciante independiente ___   e) Profesional independiente ___
   c) Empleado público ___   f) Otro, Especifique ___

7. **¿Qué tiempo lleva como asociado independiente?**
   a) 1 año o menos ___   d) De 5 a 10 años ___
   b) De 1 a 3 años ___   e) Más de 10 años ___
   c) De 3 a 5 años ___

8. **¿Qué tiempo dedica a la actividad?**
   a) Tiempo completo ___   b) Tiempo parcial ___

9. ¿Nos puede indicar en qué rango de ingresos se encuentra mensualmente por hacer esta actividad?
   a) $1,000 o menos ___
   b) $1,001 a 5,000 ___
   c) $5,001 a 10,000 ___
   d) 10,001 a 15,000 ___
   e) 15,001 a 20,000 ___
   f) 20,001 a 30,000 ___
   g) 30,001 a 35,000 ___
   f) Más de 35,000 ___

10. ¿Ha sido empleado alguna vez?
    a) Si ___   b) No ___

11. ¿Considera que ser un asociado independiente es una mejor opción que ser empleado?
    a) Si ___   b) No ___

¿Podría mencionar 3 razones?
_____
_____
_____
_____

12. ¿Cuál de los siguientes factores considera importantes para la superación de los asociados independientes?
    a) Uso de los productos que comercializa ___
    b) Capacitación ___
    c) Motivación ___
    d) Todas las anteriores ___

13. ¿Podría señalar la razón principal por la cual considera que hay asociados que no logran permanecer en este tipo de negocio?
    a) Por no estar capacitados ___
    b) Por no ser disciplinados ___
    c) Por no estar motivados ___
    d) Por no tener recursos para invertir ___
    e) Por no tener metas claras ___
    e) Por ser incrédulos ___
    f) Por falta de tiempo ___
    g) Por no tener una carrera profesional ___
    h) Por no conocer el plan de mercadeo ___
    i) Por no tener suficientes herramientas ___

14. De acuerdo a su experiencia, ¿cómo considera la oportunidad de un negocio multinivel para personas de ingresos muy bajos?
    a) Excelente ___
    b) Muy Buena ___
    c) Buena ___
    d) Regular ___
    e) Mala ___

¿Por qué?

Comentarios Generales

ANEXO 2

Guía de entrevistas con informantes-clave
Detalle de los entrevistados

Los profesionales y especialistas entrevistados se muestran en el siguiente cuadro:

Cuadro: Informantes-clave entrevistados

Nombre	Posición/Tiempo en la empresa	ENTREVISTA		
		Fecha	Modo	Duración
Federico Maillo	Gerente de Venta de HERBALIFE, Argentina y Uruguay / +12 años	14/06/2016	Telefónica	1 hora
Eduardo Pina	Empresario Independiente de AMWAY, Santo Domingo / +12 años	12/06/2016	Telefónica	1,30 horas
Eduardo Litvachkes	Distribuidor Independiente de FOREVER LIVING PRODUCTS, Argentina / +21 años	30/06/2016	Skype	2 horas

Diseño de las entrevistas
Semi-estructuradas, con las siguientes preguntas básicas
Diseño de las entrevistas
Semi-estructuradas, con las siguientes preguntas básicas:
- ¿Cuáles son las principales experiencias o elementos destacables en el MM?
- ¿Puede aportar elementos como para soportar la idea que el negocio del multinivel representa una oportunidad para todo el mundo, incluida la gente más pobre?
- ¿Cuáles han sido las experiencias con las personas de bajos ingresos?
- ¿Por qué cree que no hay correspondencia entre muchas personas que no se incorporan al MM y la oportunidad de negocio que representa?
- ¿Conoce casos de personas de muy bajos ingresos que hayan podido salir adelante con un negocio de MM?

ABOUT THE AUTHORS

Patricio Alexander Nina Jiménez, MBA
patricionina@hotmail.com

MASTER IN BUSINESS ADMINISTRATION

- Master on Business Administration with orientation in Finance (Universidad de Palermo, Buenos Aires, Argentina),
- Bachelor in Business Administration–Marketing (Inter American University, Metro Campus - Río Piedras, Puerto Rico),
- College Some BBA – Marketing, (Pontificia Universidad Católica Madre y Maestra, Main Campus. Santiago, Dominican Republic),
- Associate in International Business – Global Connections Program (Tompkins Cortland Community College, Dryden, New York).
- Copa Airlines
    - Sales Agent at commercial ticket office, Buenos Aires Argentina.
    - Passenger Service Agent at Ministro Pistarini International Airport
- Assistant at Pedro Nina & Associates, Santiago Dominican Republic.
- Account Officer at Doral Bank, San Juan. Puerto Rico.
- Usher at Interamerican University of Puerto Rico, San Juan. Puerto Rico.
- Salesman at Bellon Hardware store, Santiago. Dominican Republic

ANEXO 2

Guía de entrevistas con informantes-clave
Detalle de los entrevistados

Los profesionales y especialistas entrevistados se muestran en el siguiente cuadro:

Cuadro: Informantes-clave entrevistados

Nombre	Posición/Tiempo en la empresa	ENTREVISTA		
		Fecha	Modo	Duración
Federico Maillo	Gerente de Venta de HERBALIFE, Argentina y Uruguay / +12 años	14/06/2016	Telefónica	1 hora
Eduardo Pina	Empresario Independiente de AMWAY, Santo Domingo / +12 años	12/06/2016	Telefónica	1,30 horas
Eduardo Litvachkes	Distribuidor Independiente de FOREVER LIVING PRODUCTS, Argentina / +21 años	30/06/2016	Skype	2 horas

Diseño de las entrevistas
Semi-estructuradas, con las siguientes preguntas básicas
Diseño de las entrevistas
Semi-estructuradas, con las siguientes preguntas básicas:

- ¿Cuáles son las principales experiencias o elementos destacables en el MM?
- ¿Puede aportar elementos como para soportar la idea que el negocio del multinivel representa una oportunidad para todo el mundo, incluida la gente más pobre?
- ¿Cuáles han sido las experiencias con las personas de bajos ingresos?
- ¿Por qué cree que no hay correspondencia entre muchas personas que no se incorporan al MM y la oportunidad de negocio que representa?
- ¿Conoce casos de personas de muy bajos ingresos que hayan podido salir adelante con un negocio de MM?

ABOUT THE AUTHORS

Patricio Alexander Nina Jiménez, MBA
patricionina@hotmail.com

MASTER IN BUSINESS ADMINISTRATION

- Master on Business Administration with orientation in Finance (Universidad de Palermo, Buenos Aires, Argentina),
- Bachelor in Business Administration–Marketing (Inter American University, Metro Campus - Río Piedras, Puerto Rico),
- College Some BBA – Marketing, (Pontificia Universidad Católica Madre y Maestra, Main Campus. Santiago, Dominican Republic),
- Associate in International Business – Global Connections Program (Tompkins Cortland Community College, Dryden, New York).
- Copa Airlines
   - Sales Agent at commercial ticket office, Buenos Aires Argentina.
   - Passenger Service Agent at Ministro Pistarini International Airport
- Assistant at Pedro Nina & Associates, Santiago Dominican Republic.
- Account Officer at Doral Bank, San Juan. Puerto Rico.
- Usher at Interamerican University of Puerto Rico, San Juan. Puerto Rico.
- Salesman at Bellon Hardware store, Santiago. Dominican Republic

Leandro A. Viltard (PhD) -
lviltard@yahoo.com.ar

SPECIALIST IN BUSINESS DEVELOPMENT AND CORPORATE TRAINING

- PhD in Administration (Buenos Aires University, UBA), Bachelor in Business Administration (UBA), Accountant (UBA) and Post Graduate Program-Executive Development Program (North-western University, Kellogg, Illinois, USA).
- Professor, +20 years in undergraduate and post graduate programs of National and International Universities. Subjects: International Business, Marketing, Global Marketing, Corporate Strategy, Management, Business Innovation, Operations, CSR and Thesis and research workshop, at:
    i. MBAs: Palermo University (Argentina), Universidad Nacional de la Pampa (Argentina), Universidad Nacional del Comahue (Argentina), Universidad del Pacífico (Ecuador), Universidad Argentina de la Empresa (UADE, Argentina) and Universidad Columbia (Paraguay).
    ii. Undergraduate Programs: Pontificia Universidad Católica Argentina (UCA), Universidad de San Isidro (USI, Buenos Aires), Universitá E-Campus (Visiting Professor, Italy) and Naoma Business School (ex Rouen, Visiting Professor, France).
    iii. Emeritus Professor at Universidad del Pacífico, Ecuador.
- Speaker at national and international Seminars/Conferences on Business (Strategy, Marketing, Innovation, Operations, Management and CSR).
- External Reviewer/Editor for 5 different international publications. Thesis Director & Jury for postgraduate programs.
- Professional experience (+35 years). Ex-President of Bertrand Russell Campus/University of Wales, Italy and Senior Executive in different multinational firms:
    i. US corporations: IBM, PepsiCo International and Silicon Graphics International

ii. Family businesses: Sagaz Enterprises Corp. (USA) and Gruppo CEPU (Italy).
- Exposed to:
    i. Diverse geographical markets: Latin America, USA, Europe, China and India
    ii. Different industrial sectors: mass markets, retail, services, education and IT
    iii. Key business areas: General Management, Marketing, Sales, Administration, Finance, Planning and Control.
    iv. Start-ups, Organizational change and Process improvement.

- Publications:
    o Books:
        - 2016 – Strategic tools for Small and Medium Enterprises (SME), The case of Quito' firms, Ecuador. B. S. Lab., (co-author: D. Álvarez Peralta), Italia: Avellino.
        - 2015 - Innovación Organizacional: Su comprensión, puesta en marcha como proceso y medición (Organizational Innovación: its Understanding, Implementation as a process and measurement). B. S. Lab, Avellino, Italy.
        - 2014 - Universidad Corporativa: Implementación, experiencias y las necesarias colaboraciones para que sea eficaz. (Corporate University, Volume 2: Implementation, experiences and the necessary collaborations required to be effective). B. S. Lab, Avellino, Italy.
        - 2013 - Universidad Corporativa: Origen, configuración del mercado de capacitación corporativa y beneficios de su creación (Corporate University: Origin, corporate training market setting and benefits of its creation). B.S. Lab, Avellino, Italy.
        - 2013 - Globalización: Entender el nuevo ámbito mundial y tomar decisiones (Globalisation: Understanding the new worldwide context y take decisions). B.S. Lab, Avellino, Italy.
        - 2011 - Los No. 1 en Responsabilidad Social Sustentable (The No 1 in Sustainable Social Responsibility), Kier-Management Publishing, Buenos Aires, Argentina.

- 2000 - Compita y Gane (Compete and Win). About corporate strategy and business, Metas Publishing, Buenos Aires, Argentina.
o Articles in connection with his specialties.

NOTES

[i] *Se hace referencia a ofrecimientos mentirosos al esquema utilizado para lograr engañar a personas para que hagan cuantiosas inversiones, sin -luego- obtener ningún resultado dinerario. Esta acción es lo que caracteriza al método como engañoso e ilegal. O sea, no se relaciona con – simplemente- formar una pirámide, sino la forma en que esa pirámide es armada. De otro modo, un organigrama de una empresa puede ser una pirámide y no es ilegal.*

[ii] *En el sistema piramidal, las ganancias provienen de ingresar personas al negocio. El que "invierte" no tiene retorno. Por ejemplo, si una persona invierte $1000 parar entrar, $500 van a la persona en la cima de la pirámide y $500 al que lo invita al negocio.*

[iii] *Fuente: ¿Qué pasó con Herbalife? La Verdad sobre el Juicio y la Demanda (2016) José Miguel Argulú, Información obtenida del sitio web https://www.youtube.com/watch?v=azoaR4ATGDw Recuperado el 23/01/2017*

[iv] *Fuente: El último mercado, La Base de la Pirámide (2013). Conferencia dada por C. K. Prahalad. Información obtenida del sitio web https://www.youtube.com/watch?v=2QLIrcVxpgU, Recuperado el 16/10/2014.*
[v] *Muhammad Yunus Grameen Bank. Disponible en el sitio web: https://www.youtube.com/watch?v=xP706ajHb_Y Recuperado el 30/10/2014.*

[vi] *Este concepto coincide con lo expuesto por Kiyosaki en el Marco Teórico, Ventajas y desventajas del MM.*

[vii] *Nuestro informante clave prefirió mantener la persona del ejemplo en confidencialidad.*

[viii] *Membrecía se refiere al paquete de negocio que incluye manuales, dvd de presentación, productos de muestra y la licencia o ID habilita al prospecto a comprar productos con descuento y comercializar al público en general.*

[ix] *Este concepto se relaciona con lo expuesto en el Marco Teórico en el apartado relativo a Estrategias para el desarrollo de la BdP*

[x] *Este concepto concierne con lo indicado en el Marco Teórico por C.K. Prahalad en el apartado relativo a La Base de la Pirámide.*

[xi] *Esta temática fue abordada en el Marco Teórico por la WFDSA, en la sección correspondiente a Ventajas y desventajas del MM y, en especial, cuando se plantea una cierta acusación al esquema piramidal.*

[xii] *Este concepto fue mencionado en el Marco Teórico por Sousa en el apartado referido al MM*

[xiii] *Fuente: Elaboración propia obtenida de http://carrera.amway.com/ recuperada en 28/01/2017*
[xiv] *Fuente: Elaboración propia obtenida de https://foreverliving.com/page/home-page/arg/es Recuperada en 28/01/2017*

[xv] *Existen diferentes modos de llamar al plan de marketing según la compañía multinivel. Se lo conoce, también, como plan de pagos, plan de compensación o plan de negocio.*

[xvi] *Los ingresos residuales se refieren a las ganancias indirectas que se desprenden por la comercialización de los productos dentro de la red y no por la venta directa de la persona que generó dicha red. En otras palabras, el trabajo que se generó en el pasado, sigue generando ingresos de forma continua en el futuro.*

[xvii] *A los fines de una mayor ampliación sobre este tema se sugiere Viltard, L. A. (2016) Unlimited: Blurred limits in a borderless world, Independent Journal of Management & Production (IJM&P), Abr-Jun 2016, v7, n2. ISSN: 2236-269X.*

www.ingramcontent.com/pod-product-compliance
Lightning Source LLC
Chambersburg PA
CBHW061443180526
45170CB00004B/1536